PETITS CLASSIQUES

LAROUSSE

Collection fondée par Félix Guirand, Agrégé des Lettres

Les Fleurs du mal

BAUDELAIRE

P9-BYW-212

poésie

Édition présentée,
annotée et commentée
par
Frédéric de SCITIVAUX
Ancien élève de l'E.N.S.
de Fontenay-Saint-Cloud
Agrégé de Lettres modernes

© Larousse-Bordas/HER, Paris, 1999 – ISBN 2-03-871714-1

SOMMAIRE

Avant d'aborder le texte

Les Fleurs du mal
BAUDELAIRE

Comment lire l'œuvre

Avant d'aborder le texte

Les Fleurs du mal

Genre : poésie.

Auteur : Charles Baudelaire.

Structure : recueil composé de sept sections inégales, « Spleen et Idéal » (quatre-vingt-cinq poèmes), « Tableaux parisiens » (trente poèmes), « Le vin » (cinq poèmes), « Fleurs du mal » (neuf poèmes), « Révolte » (trois poèmes), « La mort » (six poèmes).

Sujet : le livre propose au lecteur un parcours de l'esprit en proie à l'ennui et à la souffrance et attiré par un idéal inaccessible. Trouvant dans son imagination, dans ses souvenirs, dans le spectacle de la rue, des images qui reflètent son état intérieur qui appelle le spleen, le poète cherche consolation dans l'amour, dans le vin, dans le mal lui-même, est tenté par le sursaut de la révolte et finit par accepter la mort comme ultime et unique chance de salut.

Préparé pendant plus de quinze ans, revu et augmenté au cours des trois éditions successives, le recueil concentre toute l'expérience poétique en vers de son auteur, et a influencé profondément la postérité. Il est, pour reprendre la formule d'un poète du XXᵉ siècle, Yves Bonnefoy, « le maître-livre de notre poésie ».

Illustration de couverture des Fleurs du mal *par Carlos Schwabe
dans l'édition Charles Meunier, 1900.
Paris, coll. J.-D. Jumeau-Lafond.*

CHARLES
BAUDELAIRE
(1821-1867)

1821

Le 9 avril, Charles Baudelaire naît à Paris, rue de Hautefeuille, près du quartier Latin. Son père, François Baudelaire, a 62 ans. Veuf d'un premier mariage, il est père d'un garçon de quinze ans et a épousé en secondes noces Caroline Dufaÿs, âgée de 27 ans.

1827

Le 10 février, François Baudelaire meurt. Charles se retrouve seul avec sa mère Caroline. Pour peu de temps. Ils vivent un moment dans une maison à Neuilly.

1828

Le 8 novembre, Caroline Baudelaire se remarie avec le chef de bataillon Aupick. Baudelaire en ressent bientôt un amer sentiment de trahison et d'abandon. Moins d'un mois après le mariage, Caroline Aupick accouche d'une fillette mort-née.

1831

Charles déménage avec sa mère à Lyon, où Jacques Aupick a été nommé chef d'état-major de la 7e division militaire. En octobre, Baudelaire devient interne au Collège royal de Lyon.

1835

Aupick est nommé colonel et la famille rentre à Paris. Baudelaire poursuit ses études au lycée Louis-le-Grand.

1838

Baudelaire reçoit un deuxième prix de vers latins au Concours général. L'année précédente, il avait reçu un deuxième accessit.

1839

Renvoyé du lycée Louis-le-Grand, il passe tout de même son baccalauréat. Malgré le désir de son beau-père de le voir embrasser une carrière juridique, Baudelaire veut devenir poète. Il s'inscrit quand même à la faculté de droit, mais n'aspire qu'à faire la fête et à jouir de l'héritage paternel. Ardent lecteur de la poésie romantique, en particulier Hugo et Sainte-Beuve, il mène une vie de bohême au quartier Latin et fréquente des prostituées. Cette année-là, il contracte une maladie vénérienne dont il ne guérira jamais et dont il souffrira très vite, ce qui l'amènera à consommer de l'opium et du laudanum.

1840

Aupick est nommé général.

1841

Jacques Aupick, prévenu par le demi-frère de Baudelaire de la vie dissolue de celui-ci et alarmé par les dettes qu'il a contractées, ordonne un voyage forcé, pensant par là le guérir de la vie qu'il mène à Paris. Embarqué en juin, Baudelaire refusera de continuer le voyage au-delà de l'île Bourbon (La Réunion).

1842

En février, Baudelaire est de retour en France, pourvu d'une ample moisson d'images exotiques et maritimes, dont le souvenir contribuera à nourrir sa poésie.

En avril, il entre en possession de l'héritage de son père, 100 000 francs-or. Sans doute peu après, il rencontre Jeanne Duval, une actrice mulâtresse dont la sensualité et l'exotisme le séduisent.

En novembre, le général Aupick est nommé commandant du département de la Seine et de la place de Paris.

Cette période est celle d'une activité poétique assez féconde. Plusieurs proches de Baudelaire ont l'occasion de l'entendre lire ses premiers poèmes, parmi lesquels « À une Malabaraise », « L'Albatros », « La Géante », « Une charogne », « Le Vin des chiffonniers », « L'Âme du vin », « Allégorie », etc.

1844

En deux ans, une vie de plaisir et de dépenses, que sa famille juge inconsidérées, engloutit la moitié de l'héritage paternel. En septembre, la procédure que Caroline Aupick a engagée à l'instigation du général aboutit à la dation d'un conseil judiciaire. À partir de cette date, et jusqu'à la fin de sa vie, Baudelaire est dépossédé d'une partie de ses droits sur sa fortune. C'est désormais maître Ancelle, notaire à Neuilly, nommé conseil judiciaire, qui versera à Baudelaire des mensualités, au total assez modestes. Baudelaire sera obligé de quémander sans cesse pour obtenir de l'argent et cette mesure humiliante nourrira chez lui une âpre rancœur contre l'ordre bourgeois.

1845

En mai, Baudelaire publie une plaquette de critique d'art, le *Salon de 1845*, qui n'aura pas grand succès. Ce même mois, la revue *L'Artiste* publie « À une dame Créole » ; c'est la première publication d'un poème des futures *Fleurs du mal*.
En juin, Baudelaire tente de se suicider.
En octobre, le poète annonce la parution d'un recueil intitulé *Les Lesbiennes* ; c'est la première mention du futur recueil des *Fleurs du mal*.

1846-1847

Après ces moments difficiles, débute pour Baudelaire une période d'activité littéraire importante : publication du *Salon de 1846*, où Baudelaire affirme son immense admiration pour le peintre Delacroix, du *Fanfarlo*, une nouvelle en prose et de plusieurs nouveaux poèmes. En 1847, il fait deux rencontres importantes : l'actrice Marie Daubrun, qui inspirera plusieurs des poèmes des *Fleurs du mal*, et l'œuvre de Edgar Poe, qui est pour lui une révélation. Considérant avoir véritablement rencontré dans l'écrivain américain son double littéraire, Baudelaire se lance dans la traduction de ses nouvelles.
Pendant ce temps, il continue de vivre une vie d'esthète et de dandy, courant après l'argent, consommant diverses drogues, et se construit une réputation d'excentrique.

1848

Mû par un sentiment de révolte contre l'ordre établi, plus que par engagement politique véritable, Baudelaire participe aux journées révolutionnaires de juin.

1849

Baudelaire tisse une relation d'amitié avec Théophile Gautier. Grave crise syphilitique.

1850

Publication du « Vin des honnêtes gens » et du « Châtiment de l'orgueil » dans *Le Magasin des familles*.

1851

Le 9 avril 1851, *Le Messager de l'Assemblée* publie une dizaine de poèmes des futures *Fleurs du mal* (« Pluviôse, irrité… », « Le Mauvais Moine », « L'Idéal », « Le Mort joyeux », « Les Chats », « La Mort des artistes », « La Mort des amants », « Le Tonneau de la haine », « De profundis clamavi », « La Cloche fêlée », « Les Hiboux ») sous le titre *Les Limbes*.

1852

S'entendant de plus en plus mal avec Jeanne Duval, Baudelaire décide de la quitter, sans pour autant l'abandonner complètement, puisqu'il continue à la soutenir financièrement. Il rencontre Madame Sabatier, une demi-mondaine qui a l'habitude de réunir chez elle un groupe d'artistes, parmi lesquels Flaubert. Elle lui inspirera un amour platonique ; Baudelaire lui envoie plusieurs poèmes anonymes (« À celle qui est trop gaie »).

1855

Le 1ᵉʳ juin, *La Revue des Deux Mondes* publie *Les Fleurs du mal*, recueil de dix-huit poèmes de Charles Baudelaire.

1856

Baudelaire publie sa traduction des *Histoires extraordinaires* et des *Nouvelles Histoires extraordinaires* d'Edgar Poe. Il signe avec l'éditeur Poulet-Malassis le contrat pour l'édition des *Fleurs du mal*. La mise au point du manuscrit sera difficile, à cause du soin méticuleux que Baudelaire apporte à la typographie et aux corrections sur épreuves.

1857

En avril, décès du général Aupick.

Le 25 juin, l'éditeur Poulet-Malassis publie *Les Fleurs du mal*. 52 poèmes sur 100 sont inédits.

Le 5 juillet, un article du *Figaro* accuse Baudelaire d'outrage à la morale publique. Le 18 juillet, le parquet requiert une information contre l'auteur et ses éditeurs.

Le 20 août 1857, *Les Fleurs du mal* sont condamnées par le tribunal correctionnel. Une amende de 300 francs est prononcée contre Baudelaire. En outre, six pièces sont censurées (XX, Les Bijoux, XXX, Le Léthé, XXXIX, À celle qui est trop gaie, LXXX, Lesbos, LXXXI, Lesbos et CXXXVII, Les Métamorphoses du vampire). Elles seront retirées du recueil.

Le poète en est extrêmement affecté, mais cette condamnation lui apporte une publicité appréciable. Victor Hugo, alors exilé par Napoléon III, lui écrit ce même mois d'août 1857 : « Vos *Fleurs du mal* rayonnent et éblouissent comme des étoiles [...] une des rares décorations que le régime actuel peut accorder, vous venez de la recevoir ».

C'est dans ce moment difficile que Mme Sabatier s'offre à Baudelaire, mais celui-ci se dérobe bientôt et lui écrit ces mots, qu'on appréciera : « Il y a quelques jours, tu étais une divinité, ce qui est si commode, ce qui est si beau, si inviolable. Te voilà femme maintenant. »

Baudelaire publie ses premiers poèmes en prose sous le titre *Poèmes nocturnes* dans la revue *Le Présent*.

1859-1860

Baudelaire est désormais célèbre. Il publie beaucoup, de nouveaux poèmes, une étude sur Théophile Gautier, le *Salon de 1859*, *Les Paradis artificiels*, une étude sur l'usage de l'opium et du haschisch, et prépare une nouvelle édition de son recueil. Il souffre de plus en plus de l'infection syphilitique : une première attaque cérébrale le surprend en janvier 1860.

1861

Une nouvelle édition des *Fleurs du mal* est publiée début février. Elle comporte trente-cinq poèmes nouveaux, mais un seul est inédit, les autres ayant été publiés antérieurement dans diverses revues. Sa notoriété dans les milieux intellectuels ne cesse de croître et la nouvelle génération poétique en fait sa référence majeure. En décembre, il pose sa candidature pour entrer à l'Académie française. La réputation de scandale qui s'est attachée à son nom lui barre l'accès à cette institution prestigieuse, mais conservatrice : il est contraint de retirer sa candidature.

1864

Fatigué, amer, Baudelaire décide de se rendre en Belgique, pour vendre ses œuvres, donner des lectures et des conférences. Mais la déception qui l'attend là-bas est cruelle : le public le boude, ses conférences ne lui sont pas payées le prix qui avait été convenu. Il en conçoit une rancœur violente et publie coup sur coup deux pamphlets contre les Belges.

1865-1867

La santé de Baudelaire se dégrade. Début 1865, il est atteint d'une crise grave. En mars 1866, son état s'aggrave ; une crise d'hémiplégie paralyse la moitié droite de son corps, il perd l'usage de la parole et doit être hospitalisé. Entre-temps, il a travaillé à une troisième édition des *Fleurs du mal*, qui ne sera publiée qu'après sa mort, et a fait paraître à Amsterdam *Les Épaves*, recueil de vingt-trois poèmes comprenant les six pièces condamnées par le tribunal en 1857.

Baudelaire meurt le 31 août 1867, à l'âge de quarante-six ans.

1868

Publication chez Michel Levy du premier volume des *Œuvres complètes* de Charles Baudelaire, parmi lesquelles une édition nouvelle des *Fleurs du mal*, comportant 151 poèmes.

1869

Publication du *Spleen de Paris*, regroupant une cinquantaine de petits poèmes en prose.

Contexte historique et politique

Le XIXe siècle est une période où les changements politiques, sociaux et mentaux s'accélèrent considérablement. Portée par les Lumières, la Révolution a fait basculer l'Ancien Régime dans un monde nouveau. Même si les tentations réactionnaires de l'autorité, de la religion, de la restauration monarchique restent vivaces, les notions de progrès, d'avenir, de modernité dominent l'évolution de la société française.

Désormais, les principes politiques qui président à la destinée du pays et déterminent son mode de gouvernement ne vont plus de soi. Ils sont l'objet de débats, de luttes, de tensions. Le principe d'une société de citoyens et non plus de sujets, c'est-à-dire d'hommes égaux en droit, et d'un pouvoir qui ne tire plus sa légitimité du droit divin et de la loi salique, mais d'une délégation par la population de sa souveraineté nationale, peine à s'imposer tout à fait. 1815, 1830, 1848, 1851, 1870 sont autant de ruptures qui jalonnent cette longue marche de l'Ancien Régime à la République et à l'enracinement réel de la démocratie.

La monarchie de Juillet

Baudelaire est né sous la Restauration, régime marqué par une volonté de retour à l'ordre ancien du trône et de l'Église.

En 1830, la bourgeoisie, qui s'était vu confisquer sous la Restauration le pouvoir qu'elle avait fraîchement acquis par la Révolution, et qui se trouva menacée par la restauration de l'ordre ancien entre 1815 et 1830, retrouve ses prérogatives. La restriction des libertés, entre autres, explique la destitution de Charles X et l'avènement de Louis-Philippe. Mais le nouveau régime, s'il est plus libéral et favorable aux bourgeois, laisse un amer sentiment d'échec et de frustration à la jeune génération. Elle, qui s'est battue pour renverser le régime de Charles X, se sent flouée de voir que le pouvoir politique et social reste aux mains d'une génération de notables âgés qui la tient à l'écart des responsabilités et des décisions.

Le sentiment de révolte et de haine que Baudelaire nourrira vis-à-vis de l'autorité de son beau-père qu'il juge illégitime, n'est pas très éloigné des idées de révolte de la génération romantique. Son amertume s'abreuve aussi aux sources du mal du siècle qui a habité Musset et ses contemporains, même si Baudelaire affiche le plus grand mépris pour ce qu'il appelle la sensiblerie larmoyante de ce dernier.

La révolution de 1848

L'insuffisance du régime de Louis-Philippe en matière de démocratie aboutit à la révolution de 1848. Baudelaire y participe, mais sans doute moins par véritable conviction politique que mû par un sentiment de révolte personnel. Significativement, le mot qu'on retient de lui sur les barricades est « Il faut aller fusiller le général Aupick ! ».

Quoi qu'il en soit, la seconde République (1848-1851) est de courte durée. Quelques mesures marquent une avancée symbolique importante dans la voie de l'égalité et de la liberté : suffrage universel (réservé aux hommes, toutefois), abolition de l'esclavage, qui avait déjà été supprimé en 1794, mais rétabli par Napoléon, affirmation du droit au travail et défense de la liberté d'expression, en particulier de la liberté de la presse.

En 1851, le président Louis-Napoléon Bonaparte fomente un coup d'État avec le soutien de la grande bourgeoisie d'affaires, et instaure le second Empire, régime autoritaire, qui remet en question les acquis de 1848. La liberté d'expression n'est plus respectée, la censure sévit ; l'exil de Victor Hugo, violemment hostile à l'empereur, est le symbole de l'autoritarisme du système.

L'Empire

Pourtant, le règne de Napoléon III, et le personnage de l'empereur lui-même, sont plus complexes, plus ambivalents qu'il n'y paraît. Certes, Napoléon III tire son pouvoir d'un coup d'État qui a violé la constitution dont il était censé être le garant, certes c'est un homme autoritaire, mais il sait stimuler le dynamisme de l'économie et des finances, en favorisant la création de banques, l'équipement du pays en infrastructures routières et ferroviaires, le développement industriel et urbain de la France, notamment avec les grands travaux de Haussmann à Paris, contemporains des poèmes de Baudelaire dans la section « Tableaux parisiens » des *Fleurs du mal*.

Soutenu par la bourgeoisie possédante qu'avaient effrayée les journées révolutionnaires de 1848, par le clergé et une partie importante du peuple, Napoléon III est animé par les idées socialistes de Saint-Simon, économiste et philosophe, qui affirme une foi dans l'industrie et le progrès, capables, selon lui, d'assurer le bonheur et la paix de tous.

Au total, c'est tout de même l'ordre moral qui règne, accompagnant une véritable religion du progrès, libérale, utilitariste, mercantile, que fustigera Baudelaire. 1857, année symbolique de ce point de vue, du divorce d'une partie des intellectuels et des artistes avec les couches conservatrices de la société, est celle des deux procès célèbres, intentés contre deux chefs-d'œuvre de notre littérature : *Madame Bovary*, de Gustave Flaubert, et *Les Fleurs du mal*.

Cadre intellectuel, littéraire et artistique

Le romantisme

Baudelaire commence assez tôt à écrire. Les poèmes des *Fleurs du mal* sont composés au long des années 1840-1850. Si l'apogée du romantisme se situe plutôt dans les années 1830, l'influence de ce vaste mouvement intellectuel et artistique se fait sentir jusqu'à Baudelaire.

Au début des années 20 se produit une révolution poétique qui marquera durablement le XIXᵉ siècle. Lamartine, Vigny, puis Hugo et Nerval élargissent le champ de la poésie à la totalité du monde, du moi, de la conscience et de l'histoire. Réinstallant l'émotion et la subjectivité au cœur de l'inspiration et de l'expérience poétique, les romantiques se font l'écho du monde avec lequel ils entrent en correspondance. L'œuvre est le lieu du dévoilement de cette unité mystérieuse du moi et du monde.

Cette véritable libération de l'inspiration romantique n'a pas trouvé son équivalent sur le plan formel. Le mètre, la rime, les genres et les formes poétiques restent d'inspiration traditionnelle, même si une attention particulière est portée aux mots, auxquels les poètes romantiques savent donner une puissance nouvelle, une couleur ou un sens inattendu, n'hésitant pas à former des images fortes, ce que n'admettait pas la poétique classique.

Même si Baudelaire s'est nourri dans sa jeunesse en lisant les poètes romantiques, il a vite pris ses distances avec eux. C'est plutôt auprès des romantiques mineurs, Sainte-Beuve en particulier, qu'il faut rechercher des filiations. Mais le souci de la forme, le culte de la beauté, le rapprochent davantage de Gautier.

Théophile Gautier et le Parnasse

On désigne par les termes d'« école de l'art pour l'art », puis de « Parnasse », un groupe d'écrivains qui se constitua, dans les années 1850, autour de la revue *Le Parnasse contemporain*. Théophile Gautier, leur chef de file, Théodore de Banville, Leconte de Lisle, Catulle Mendès, Sully Prudhomme, accordent dans leur poésie le primat à la forme sur le message et le lyrisme. C'est paradoxalement dans le romantisme que l'art pour l'art trouve ses racines. Le goût pour l'excentricité, le pittoresque, les descriptions minutieuses, la recherche formelle, les images frappantes est déjà présent chez Hugo (*Les Orientales*) et chez Musset (*Contes d'Espagne et d'Italie*).

Théophile Gautier, en marquant la transition entre ces deux mouvements d'inspiration, a orienté les tenants de l'art pour l'art dans une voie qui tournait le dos au romantisme et en particulier à ses excès : sensiblerie, outrance, lyrisme exacerbé. S'inscrivant en faux contre l'idéologie du progrès et le matérialisme ambiant, il écrit déjà, en 1835, ces mots qui seront repris comme la devise de cette esthétique nouvelle : « Il n'y a de vraiment beau que ce qui peut ne servir à rien. Tout ce qui est utile est laid, car c'est l'expression de quelques besoins et ceux de l'homme sont ignobles et dégoûtants, comme sa pauvre et triste nature. L'endroit le plus utile d'une maison, ce sont les latrines ». Sur ce point, Baudelaire restera très proche de Gautier.

La poétique des parnassiens repose sur le soin accordé au travail du langage poétique. Le poème doit être original, varié, mais précis, resserré. L'adéquation du langage et de la pensée doit être recherchée avant toute chose. Considérant le vers comme un matériau à travailler, à modeler, à sculpter au même titre que la pierre, le but recherché est la perfection, au nom de l'amour de la beauté.

On le voit, le culte que Baudelaire voue à la beauté, son souci du travail précis et abouti, provient en droite ligne de Gautier et de ses émules. Le sonnet XVII des *Fleurs du mal* (« La Beauté »), célèbre la beauté impassible et pétrifiée des Parnassiens. Le recueil lui-même est tout entier placé sous l'égide de celui que Baudelaire considère comme son maître en poésie : « Au poète impeccable, au parfait magicien es langue française, à mon très-cher et très-vénéré maître et ami, Théophile Gautier, avec le sentiment de la plus profonde humilité, je dédie ces fleurs maladives » (dédicace des *Fleurs du mal*).

La période d'activité poétique de Baudelaire est à peu près contemporaine de celle des poètes parnassiens. *L'Art*, poème manifeste de Théophile Gautier paraît en 1857, en même temps que les *Fleurs du mal*. Pourtant, l'auteur des *Fleurs du mal* prit assez vite ses distances avec le Parnasse. Le matérialisme, la gratuité que suppose leur doctrine va à l'encontre de la spiritualité de Baudelaire et de sa foi dans l'art. Pour lui, de même que l'épanchement des sentiments ne saurait justifier la facilité en matière de création poétique et n'est pas une fin suffisante en soi, la perfection formelle n'est rien sans une émotion authentique.

Le réalisme

On désigne sous ce terme un moment, une génération d'écrivains plutôt qu'un mouvement ou une esthétique très précis. La sensibilité, l'imagination, l'écriture de la génération de 1850 à 1880 sont marquées par une conception nouvelle des rapports entre l'art et le réel, qu'il s'agisse de la nature, de la société ou de l'histoire.

Le positivisme, imprégné de l'esprit scientifique et de l'idéologie du progrès, mettait en avant la nécessité d'appliquer à tous les domaines de la pensée les principes de la science. L'objectivité de l'examen et du compte-rendu est au service d'une finalité : connaître le réel. L'exigence de connaissance objective du réel s'impose surtout, il faut le dire, aux romanciers. Préférant les études de mœurs et les descriptions sociales aux intrigues, travaillant à partir d'enquêtes et de documents qui leur servent de garde-fou, développant le genre de la description dans des proportions inédites, ces auteurs se reconnaissent d'ailleurs dans leurs devanciers, Stendhal et Balzac par exemple. Flaubert, inclassable à bien des égards, est la référence en la matière, et servira de modèle à cette génération, Maupassant puis Zola en particulier.

Baudelaire n'est pas totalement éloigné des réalistes ses contemporains, par sa modernité, par les images, les figures, les termes qu'il fait entrer en poésie. La laideur, le mal, le vulgaire sont pour lui des objets poétiques aussi valables que les autres et les thèmes de la ville et de ses bas-fonds, de la prostitution, du sexe, du meurtre sont très présents dans les *Fleurs du mal*. Une exigence de vérité s'impose à lui comme aux écrivains réalistes. Là s'arrête cependant la comparaison.

Car le réalisme en art ne se borne pas selon lui à la « trivialité positive ». L'imagination est la « reine des facultés ». « Je voudrais, écrit-il, des prairies peintes en rouge et des arbres peints en bleu. La nature n'a pas d'imagination ». La modernité, au nom de laquelle Baudelaire veut inscrire l'actuel, l'éphémère dans un art vivant, solidaire de son temps, n'est pour lui qu'une moitié de l'art « dont l'autre moitié est l'éternel et l'immuable », écrit-il en 1863 dans *Le Peintre de la vie moderne*, son étude sur Constantin Guys. Pour lui, l'art est une fin en soi, la poésie est un espace en soi. L'objectif de Baudelaire est de dépasser par l'art, précisément, le contingent, le transitoire, pour atteindre l'éternel.

Baudelaire inclassable ?

L'œuvre de Baudelaire reflète à sa façon chacun des mouvements qui ont animé la littérature et la pensée de son temps. Héritier du romantisme, proche du Parnasse à certains égards, classique dans sa forme, partageant avec le réalisme le goût de la modernité, il ne se range dans aucune de ces catégories, les dépassant pour imposer une œuvre qui servira de modèle aux générations suivantes.

VIE	ŒUVRES
1821 Naissance de Charles Baudelaire à Paris.	
1827 Mort de François Baudelaire, le père de Charles. **1828** Caroline Baudelaire se remarie avec le chef de bataillon Aupick.	
1831 Déménagement à Lyon. Internat au Collège royal de Lyon.	
1835 Retour à Paris. Baudelaire poursuit ses études au lycée Louis-le-Grand.	

ÉVÉNEMENTS CULTURELS ET ARTISTIQUES	ÉVÉNEMENTS HISTORIQUES ET POLITIQUES
1820 Lamartine, *Méditations poétiques*. **1821** Joseph de Maistre, *Les Soirées de Saint-Pétersbourg*. Lamartine, *Méditations poétiques*. **1822** Hugo, *Odes*. **1823** Stendhal, *Racine et Shakespeare*. **1824** Delacroix, *Les Massacres de Scio*.	**1821** Mort de Napoléon. **1824** Mort de Louis XVIII. **1825** Sacre de Charles X.
1826 Chateaubriand, *Les Natchez*. **1827** Hugo, *Cromwell*.	
1828 Delacroix, *La Mort de Sardanapale*.	**1828** Ministère Martignac.
1829 Balzac, *Les Chouans*. Hugo, *Les Orientales*. **1830** Lamartine, *Harmonies poétiques et religieuses*. Hugo, *Hernani*. Stendhal, *Le Rouge et le Noir*. **1831** Balzac, *La Peau de chagrin*. Hugo, *Notre-Dame de Paris*. Delacroix, *La liberté guidant le peuple*. Poe, *Poèmes*.	**1829** Ministère Polignac. **1830** Révolution de Juillet. Louis-Philippe accède au trône. **1831** Révolte des canuts à Lyon. **1833** Loi Guizot sur l'enseignement primaire.
1834 Musset, *Lorenzaccio*. Sainte-Beuve, *Volupté*. **1835** Gautier, *Mademoiselle de Maupin*. Musset, *Les Nuits*.	**1835** Attentat de Fieschi.

Vie	Œuvres
1838 Deuxième prix de vers latins au Concours général. **1839** Baccalauréat. Baudelaire contracte une maladie vénérienne. **1840** Aupick est nommé général. **1841** Voyage forcé. Baudelaire rentre au bout de sept mois.	
1842 Baudelaire entre en possession de l'héritage de son père. Rencontre de Jeanne Duval.	**1842** Cette période est celle d'une activité poétique assez féconde. Plusieurs proches de Baudelaire ont l'occasion de l'entendre lire ses premiers poèmes, parmi lesquels « À une Malabaraise », « L'Albatros », « La Géante », « Une charogne », « Le Vin des chiffonniers », « L'Âme du vin », « Allégorie », etc.
1844 Baudelaire est doté d'un conseil judiciaire qui gère sa fortune et lui verse des mensualités. **1845** Tentative de suicide.	**1845** *Salon de 1845*, qui n'aura pas grand succès. Publication dans *L'Artiste* de « À une dame ». Annonce de la parution d'un recueil intitulé *Les Lesbiennes*. **1846** *Salon de 1846*. Publication de « Dom Juan aux enfers », puis de « À une Malabaraise » dans *L'Artiste*.

ÉVÉNEMENTS CULTURELS ET ARTISTIQUES	ÉVÉNEMENTS HISTORIQUES ET POLITIQUES
	1836 Tentative de coup d'État de Louis-Napoléon à Strasbourg.
1838 Poe, *Les Aventures d'Arthur Gordon Pym.* **1839** Stendhal, *La Chartreuse de Parme.*	
1840 Poe, *Histoires extraordinaires.* **1841** Chateaubriand termine les *Mémoires d'outre-tombe.* Hugo est élu à l'Académie française. **1842** Aloysius Bertrand, *Gaspard de la nuit.* Balzac, avant-propos de *La Comédie humaine.* Eugène Sue, *Les Mystères de Paris.* Courbet, *Autoportrait au chien noir.* Mort de Stendhal.	**1840** Gouvernement Guizot.
1843 Balzac, *Illusions perdues.* Poe, *Le Scarabée d'or.* **1844** Alexandre Dumas, *Les Trois Mousquetaires.*	
1845 Gautier, *Poésies complètes.* Poe, *Le Corbeau et autres poèmes.*	
1846 Michelet, *Le Peuple.* George Sand, *La Mare au diable.*	

Vie	Œuvres
1847 Rencontre de Marie Daubrun.	**1847** « La Fanfarlo ».
1848 Baudelaire participe aux journées révolutionnaires de juin.	
1849 Baudelaire se lie avec Théophile Gautier.	
	1850 Publication du « Vin des honnêtes gens » et du « Châtiment de l'orgueil » dans *Le Magasin des familles*.
	1851 Le 9 avril 1851, *Le Messager de l'Assemblée* publie une dizaine de poèmes des futures *Fleurs du mal* (« Pluviôse, irrité », « Le Mauvais Moine », « L'Idéal », « Le Mort joyeux », « Les Chats », « La Mort des artistes », « La Mort des amants », « Le Tonneau de la haine », « De profundis clamavi », « La Cloche fêlée », « Les Hiboux ») sous le titre *Les Limbes*. *Du vin et du haschisch*.
1852 Séparation d'avec Jeanne Duval et rencontre de Madame Sabatier.	**1852** Baudelaire envoie plusieurs poèmes anonymes à Madame Sabatier (« À celle qui est trop gaie »).
1854 Amour pour Marie Daubrun.	
	1855 Publication dans *La Revue des Deux Mondes* des *Fleurs du mal*, recueil de dix-huit poèmes de Charles Baudelaire.

ÉVÉNEMENTS CULTURELS ET ARTISTIQUES	ÉVÉNEMENTS HISTORIQUES ET POLITIQUES
1847 Le Salon refuse *L'Homme à la pipe* de Courbet.	**1847** Campagne des banquets.
1848 Marx et Engels, *Manifeste du parti communiste*. Mort de Chateaubriand.	**1848** Révolution de Février. Seconde République. Louis-Napoléon devient président.
1849 Lamartine, *Histoire de la révolution de 1848*.	**1849** Élection d'une assemblée à majorité conservatrice.
1850 Courbet, *Un enterrement à Ornans*. Nerval, *Les Chimères*. Mort de Balzac.	**1850** Loi Falloux sur l'enseignement.
1851 Nerval, *Le Voyage en Orient*.	**1851** Coup d'État le 2 décembre.
1852 Gautier, *Émaux et Camées*.	**1852** Proclamation du second Empire.
1853 Hugo, *Les Châtiments*.	
1854 Nerval, *Les Filles du feu*.	**1854** Guerre contre la Russie.
1855 Mort de Nerval.	**1855** Expédition de Crimée.

Vie	Œuvres
	1856 Publication des *Histoires extraordinaires* et des *Nouvelles Histoires extraordinaires* d'Edgar Poe, traduites par Charles Baudelaire.
1857 Décès du général Aupick. Procès contre *Les Fleurs du mal*. Baudelaire est condamné à 300 francs d'amende pour outrage à la morale publique et aux bonnes mœurs. Madame Sabatier s'offre à lui.	**1857** Publication des *Fleurs du mal*. Six poèmes sont retranchés de l'édition après condamnation par le tribunal. Publication des premiers poèmes en prose sous le titre *Poèmes nocturnes* dans la revue *Le Présent*.
	1859 *Salon de 1859*.
1860 Première attaque cérébrale. **1861** Velléité de candidature à l'Académie française.	**1860** Étude sur l'usage de l'opium et du haschisch. **1861** Deuxième édition des *Fleurs du mal*.
1864 Voyage en Belgique.	**1864** *Pauvre Belgique*.

Événements culturels et artistiques	Événements historiques et politiques
1856 Hugo, *Les Contemplations*.	**1856** Traité de Paris.
1857 Champfleury, *Manifeste sur le réalisme*. Flaubert, *Madame Bovary*. Mort de Musset.	
1858 Sainte-Beuve, *Les Causeries du lundi*.	**1858** Attentat d'Orsini contre Napoléon III.
1859 Hugo, *La Légende des siècles* (Première partie). Wagner, *Tristan et Isolde*. Millet, *L'Angélus*.	**1859** Campagne d'Italie.
1860 Marceline Desbordes-Valmore, *Poésies inédites*.	**1860** Traité de Savoie par lequel l'Italie cède la Savoie et Nice à la France.
1861 Les frères Goncourt, *Sœur Philomène*.	
1862 Hugo, *Les Misérables*. Flaubert, *Salammbô*. Leconte de Lisle, *Poèmes barbares*. Ingres, *Le Bain turc*.	**1862** Défaite française au Mexique.
1863 Mort de Delacroix. Mort de Vigny. Gautier, *Le Capitaine Fracasse*. Salon des refusés. Manet, *Le Déjeuner sur l'herbe*.	
1864 Hugo, *William Shakespeare*.	**1864** Loi établissant le droit de grève. La première Internationale est fondée à Londres.

Vie	Œuvres
1865 Première crise grave.	
1866 Crise d'hémiplégie : Baudelaire est désormais aphasique.	**1866** Publication des *Épaves*, à Amsterdam. Publication de *Nouvelles Fleurs du mal* dans la revue *Le Parnasse contemporain*.
1867 Mort de Baudelaire.	
	1868 Publication, chez Michel Levy, du premier volume des *Œuvres complètes de Charles Baudelaire*, parmi lesquelles une édition nouvelle des *Fleurs du mal*, comportant 151 poèmes. **1869** Publication du *Spleen de Paris*, regroupant une cinquantaine de petits poèmes en prose dans le quatrième volume des œuvres complètes.

ÉVÉNEMENTS CULTURELS ET ARTISTIQUES	ÉVÉNEMENTS HISTORIQUES ET POLITIQUES
1865 Lewis Carroll, *Alice au pays des merveilles*. Tolstoï, *Guerre et Paix*. **1866** Verlaine, *Poèmes saturniens*.	
1867 Zola, *Thérèse Raquin*. Renoir, *Diane chasseresse*. Cézanne, *L'Orgie*.	**1867** Loi sur l'enseignement.

Les influences

C'est presque une gageure de prétendre retracer les sources qui ont influencé Baudelaire et orienté son œuvre et sa pensée tant celle-ci est riche et complexe. Renvoyant aux Contextes (voir p. 16), on se contentera d'étudier deux artistes dont les œuvres ont le plus profondément marqué l'auteur des *Fleurs du mal* : un peintre et un écrivain, Eugène Delacroix et Edgar Poe.

Delacroix

Si Baudelaire s'intéresse à d'autres peintres, Ingres et Courbet, par exemple, ou encore Goya, il voue cependant une très grande admiration à Delacroix. « M. Delacroix est décidément le peintre le plus original des temps anciens et des temps modernes », écrit-il dans le *Salon de 1845*. Pour Baudelaire, Delacroix est un immense coloriste et un parfait dessinateur :

« …il y a deux genres de dessins, le dessin des coloristes et le dessin des dessinateurs. Les procédés sont inverses ; mais on peut bien dessiner avec une couleur effrénée, comme on peut trouver des masses de couleurs harmonieuses, tout en restant un dessinateur exclusif. Donc, quand nous disons que ce tableau est bien dessiné, nous ne voulons pas faire entendre qu'il est dessiné comme Raphaël ; nous voulons dire qu'il est dessiné d'une manière impromptue et spirituelle ; que ce genre de dessin, qui a quelque analogie avec celui de tous les grands coloristes, de Rubens, par exemple, rend bien, rend parfaitement le mouvement, la physionomie, le caractère insaisissable et tremblant de la nature, que le dessin de Raphaël ne rend jamais. »

Le *Salon de 1846* est un véritable hommage rendu au peintre. Génie créateur, Delacroix sait cependant avoir la patience méticuleuse de l'homme de métier :

« Delacroix part donc de ce principe, qu'un tableau doit avant tout reproduire la pensée intime de l'artiste [...] et de ce principe, il en sort un second qui semble le contredire à la première vue – à savoir, qu'il faut être très soigneux des moyens matériels d'exécution. »

Delacroix est un « poète en peinture » et comme Baudelaire lui-même, un « surnaturaliste » :

« En fait d'art, je suis surnaturaliste. Je crois que l'artiste ne peut trouver dans la nature tous ses types, mais que les plus remarquables lui sont révélés dans son âme, comme la symbolique innée d'idées innées, et au même instant. »

Prenant ses distances avec le réalisme, comme avec le romantisme, Baudelaire a trouvé en Delacroix, sinon un maître, du moins un modèle qui lui permet de préciser les objectifs et les moyens, d'inventer son propre art poétique. Partageant avec lui « le souci du nouveau et la recherche de l'harmonie », Baudelaire le cite d'ailleurs dans deux poèmes (« Les Phares », *Les Fleurs du mal* ; « Sur *Le Tasse en prison* d'Eugène Delacroix », *Les Épaves*) et imite sa manière dans deux autres poèmes (« Les Bijoux », « Une martyre », *Les Fleurs du mal*) qui témoignent de la profonde intimité qui existe entre le peintre et le poète.

Edgar Poe

Plus encore que Delacroix, Edgar Poe est la grande rencontre de Baudelaire, rencontre particulière, puisque l'auteur américain meurt en 1849, sans que Baudelaire n'ait jamais fait sa connaissance. Il découvre son œuvre en 1847, donne sa première traduction en 1848 (*Révélation magnétique*) et écrira, quinze ans durant, malgré une connaissance assez imparfaite de la langue anglaise, cinq volumes de traductions des textes de l'écrivain américain, qu'il fait ainsi connaître au public français.

Au-delà de la communauté de destin qui lie les deux hommes (échec de la carrière littéraire, échec de la vie privée, recours aux paradis artificiels), il existe une affinité profonde entre les deux œuvres. Dédain pour la foule et le vulgaire, véritable religion du beau, culte de la beauté pure, qui ne doit pas se compromettre avec une quelconque utilité morale ou sociale, goût pour les autres arts, en particulier la peinture, qui peut servir de source d'inspiration, théorie des correspondances, par laquelle une sensation peut trouver son équivalent dans un autre ordre sensoriel et qui fait du monde sensible un ensemble de symboles, de hiéroglyphes à déchiffrer pour y atteindre le monde spirituel.

La publication

Trois titres successifs

On peut dater de 1845 la première publication d'un poème du futur recueil. Il s'agit du sonnet « À une dame créole », publié par la revue *L'Artiste*. Le poème a été composé en fait quatre ans plus tôt, peu après le voyage du poète, puisqu'il l'adresse en 1841 à Mme Autard de Bragard. Une vingtaine de poèmes lui sont contemporains, et les proches de Baudelaire ont eu l'occasion d'en entendre la lecture (voir Biographie).

En octobre 1845, le recueil est annoncé une première fois avec un titre provocateur, *Les Lesbiennes*. De nombreuses interprétations ont eu cours sur la signification de ce titre. Il y a certainement là une volonté de provocation, et Baudelaire parlait à ce sujet d'un titre « pétard ». Mais surtout, la référence au lesbianisme, qu'on retrouve dans « Femmes damnées », est une référence poétique, puisque Sapho est une poétesse grecque renommée, qui enseignait les arts à une confrérie de jeunes filles sur l'île de Lesbos, dans la mer Égée.

Un deuxième titre est annoncé en novembre 1848, *Les Limbes*, mention qui sera reprise les trois années suivantes. Là encore, le titre est mystérieux. Les limbes sont le lieu où se retrouvent les âmes des innocents qui sont morts sans avoir reçu le sacrement du baptême. Cette référence chrétienne ne détonne pas dans un recueil imprégné d'une certaine religiosité. Mais on peut aussi y voir une allusion socialiste empruntée sans doute à l'œuvre de Fourier. Les limbes y désignent métaphoriquement une étape de misère des sociétés industrielles, préalable à la société utopiste projetée par l'auteur du *Phalanstère*. En tout état de cause, l'image des limbes évoque une atmosphère vague de tristesse et d'abandon, qui est proche des connotations du spleen et de l'ennui tels que Baudelaire les décrit dans sa poésie.

En 1855, c'est finalement sous le titre des *Fleurs du mal* que paraît, dans *La Revue des Deux Mondes,* un ensemble de dix-huit poèmes. Ce titre, qui a le mérite d'être moins opaque que les deux précédents, rend parfaitement compte du projet poétique de Baudelaire : extraire la beauté du mal, transfigurer par le travail poétique l'expérience douloureuse de l'âme humaine en proie aux malheurs de l'existence.

Les Fleurs du mal paraîtront à la fin du mois de juin 1857, après trois longs mois que Baudelaire consacre aux révisions sur épreuves.

Le scandale

Baudelaire savait certains thèmes des *Fleurs du mal* provocants. Mais cela n'était pas forcément pour lui déplaire, lui qui s'était confectionné un personnage de dandy. Le scandale fomenté par l'article haineux du *Figaro* (« L'odieux y coudoie l'ignoble ; le repoussant s'y allie à l'infect » écrit l'auteur, terminant l'article par ces mots : « Si l'on comprend qu'à vingt ans l'imagination d'un poète puisse se laisser entraîner à traiter de semblables sujets, rien ne peut justifier un homme de plus de trente, d'avoir donné la publicité du livre à de semblables monstruosités. ») pouvait encore produire une publicité favorable à la diffusion du recueil. En revanche, il semble que la nouvelle du procès intenté contre lui causa à Baudelaire un étonnement sincère.

Cette même année, Flaubert, qui bénéficiait d'appuis solides, avait gagné le procès qui lui avait été intenté pour *Madame Bovary.* Pierre-Auguste Pinard, le substitut du procureur, échaudé par l'échec de ce premier procès, porte des attaques plus percutantes contre *Les Fleurs du mal.*

Par ailleurs, Baudelaire ne se préoccupe que tardivement de solliciter des appuis pour sa défense. Son beau-père, le général Aupick, meurt en 1858, ce qui le prive d'un défenseur influent qui aurait pu le protéger. Madame Sabatier n'est sollicitée qu'au dernier moment, trop tard. Pour couronner le tout, Baudelaire est défendu par un jeune avocat inexpérimenté, Gustave Gaspard Chaix d'Est-Ange.

La plaidoirie de ce dernier est fondée sur la bonne foi de l'auteur, qui ne poursuivait pas d'autre but, dit-il, que de peindre le mal pour en inspirer l'horreur : « Où est la faute, je vous prie, au point de vue même de l'accusation, où est la faute et surtout où peut être le délit si c'est pour le flétrir qu'il exagère le mal, s'il peint le vice avec des tons vigoureux et saisissants parce qu'il veut vous en inspirer une haine plus profonde, et si le pinceau du poète vous fait de tout ce qui est odieux une peinture horrible, précisément pour vous en donner l'horreur… ? » Le reste de la plaidoirie consista à lire une véritable anthologie de textes impudiques, propre, croyait le jeune avocat, à atténuer la portée de la provocation baudelairienne.

Acquitté pour le délit d'offense à la morale religieuse, Baudelaire et son éditeur sont condamnés, le 27 août 1857, pour offense à la morale publique et aux bonnes mœurs, respectivement à trois cents et à cent francs d'amendes, et à la suppression de six pièces : XX, Les Bijoux ; XXX, Le Léthé ; XXXIX, À celle qui est trop gaie ; LXXX, Lesbos ; LXXXI, Lesbos et CXXXVII, Les Métamorphoses du vampire. Ce jugement sera annulé par la Cour de cassation, le 31 mai 1949, presque un siècle plus tard.

L'édition de 1861

La suppression de six pièces dans l'édition originale, outre qu'elle accable Baudelaire moralement, l'oblige à repenser l'architecture de l'ensemble. Mûries pendant plus de quinze ans, *Les Fleurs du mal* ne se succèdent évidemment ni selon un ordre chronologique, ni au hasard. En 1857, Barbey d'Aurevilly a le premier parlé de l'unité et de l'architecture du recueil : « *Les Fleurs du mal* ne sont pas à la suite les unes des autres, comme tant de morceaux lyriques […] Elles sont moins des poésies qu'une œuvre poétique *de la plus forte unité*. Au point de vue de l'art et de la sensation esthétique, elles perdraient donc beaucoup à n'être pas lues *dans l'ordre* où le poète, qui sait bien ce qu'il fait, les a rangées. Mais elles perdraient bien davantage au point de vue de l'effet moral que nous avons signalé au commencement de cet article. »

Baudelaire lui-même, s'adressant à Vigny, écrit : « Le seul éloge que je sollicite pour ce livre est qu'on reconnaisse qu'il n'est pas un pur album et qu'il a un commencement et une fin. »

L'édition de 1861 comporte cent vingt-six poèmes, soit trente poèmes nouveaux, en tenant compte de la suppression des six poèmes condamnés. Ils sont répartis en six sections. Une section nouvelle, « Tableaux parisiens », apparaît en deuxième position. Treize poèmes nouveaux y prennent place, ainsi que cinq poèmes déplacés par rapport à l'édition de 1857. « Le Vin » passe de la quatrième à la troisième place, « Fleurs du mal » de la deuxième à la quatrième, « Révolte » de la troisième à la cinquième. « Spleen et Idéal », qui ouvre le recueil et « La Mort », qui le clôt, ont gardé la même place en 1857 et en 1861.

La grande nouveauté, c'est donc « Tableaux parisiens ». Organisé autour de quelques poèmes majeurs composés en 1859 et 1860, cet ensemble est inspiré par l'observation quotidienne de la capitale et du *Spleen de Paris*, recueil de poèmes en prose composés par Baudelaire durant ces mêmes années.

Certaines pièces nouvelles prennent la place de poèmes déplacés (« L'Albatros », par exemple, remplace « Le Soleil », et renforce l'évocation liminaire du poète par sa facture plus achevée), ou de pièces condamnées (« Le Masque » et « Hymne à la beauté » remplacent « Les Bijoux », assurant une transition entre « La Géante » et « Parfum exotique »).

La dernière section, enfin, s'enrichit de trois poèmes nouveaux. « Le Rêve d'un curieux » et surtout « Le Voyage », infléchissent la tonalité et la signification du recueil : l'étape ultime du parcours, la mort, est plus problématique et plus sombre dans l'édition de 1861 que dans celle de 1857. Au total, l'expérience proposée au lecteur est élargie à l'humanité tout entière et assombrie par une tonalité plus pessimiste et plus vertigineuse.

L'édition de 1868 est posthume. Baudelaire ne l'a pas revue. La présente édition est celle de 1861 à laquelle on a joint, à part, les six pièces condamnées en 1857.

Charles Baudelaire photographié par Nadar.

Les Fleurs du mal

BAUDELAIRE

poésie

Éditée pour la première fois
en 1855

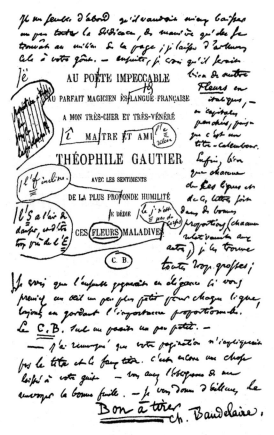

Dédicace des Fleurs du mal *à Théophile Gautier.*
Fac-similé d'un bon à tirer pour les Fleurs du mal.

AU LECTEUR

La sottise, l'erreur, le péché, la lésine[1],
Occupent nos esprits et travaillent nos corps,
Et nous alimentons nos aimables remords,
Comme les mendiants nourrissent leur vermine.

5 Nos péchés sont têtus, nos repentirs sont lâches ;
Nous nous faisons payer grassement nos aveux,
Et nous rentrons gaiement dans le chemin bourbeux,
Croyant par de vils pleurs laver toutes nos taches.

Sur l'oreiller du mal c'est Satan Trismégiste[2]
10 Qui berce longuement notre esprit enchanté,
Et le riche métal de notre volonté
Est tout vaporisé[3] par ce savant chimiste.

C'est le Diable qui tient les fils qui nous remuent !
Aux objets répugnants nous trouvons des appas[4] ;
15 Chaque jour vers l'Enfer nous descendons d'un pas,
Sans horreur, à travers des ténèbres qui puent.

Ainsi qu'un débauché pauvre qui baise et mange
Le sein martyrisé d'une antique catin,
Nous volons au passage un plaisir clandestin
20 Que nous pressons bien fort comme une vieille orange.

---

1. **Lésine** : avarice.
2. **Trismégiste** : appliquée ici à Satan, l'épithète se rapporte traditionnellement au dieu grec Hermès, fondateur de l'alchimie.
3. **Vaporisé** : transformé en vapeur.
4. **Appas** : expression classique : charmes, attraits.

Serré, fourmillant, comme un million d'helminthes[1],
Dans nos cerveaux ribote[2] un peuple de Démons,
Et, quand nous respirons, la Mort dans nos poumons
Descend, fleuve invisible, avec de sourdes plaintes.

25 Si le viol, le poison, le poignard, l'incendie,
N'ont pas encor brodé de leurs plaisants dessins
Le canevas banal de nos piteux destins,
C'est que notre âme, hélas ! n'est pas assez hardie.

Mais parmi les chacals, les panthères, les lices[3],
30 Les singes, les scorpions, les vautours, les serpents,
Les monstres glapissants, hurlants, grognants, rampants,
Dans la ménagerie infâme de nos vices,

Il en est un plus laid, plus méchant, plus immonde !
Quoiqu'il ne pousse ni grands gestes ni grands cris,
35 Il ferait volontiers de la terre un débris
Et dans un bâillement avalerait le monde ;

C'est l'Ennui ! – l'œil chargé d'un pleur involontaire,
Il rêve d'échafauds en fumant son houka[4],
Tu le connais, lecteur, ce monstre délicat,
40 – Hypocrite lecteur, – mon semblable, – mon frère !

---

1. **Helminthes :** ver, parasite de l'homme et de l'animal.
2. **Riboter :** se livrer à une débauche de nourriture et de boisson.
3. **Lice :** femelle d'un chien de chasse.
4. **Houka :** pipe à réservoir d'origine indienne.

REPÈRES

• Quelle est la fonction attendue d'une adresse au lecteur au début d'un recueil poétique ?

OBSERVATION

• Quels sont les principaux traits de l'organisation métrique du poème (type de strophe, nombre de strophes, type de vers, type de rime) ?
• Comment s'organisent les rapports de la syntaxe (le nombre des phrases, leur étendue) et de la métrique ? Coïncident-elles ou non ?
• Montrez que ce rapport se modifie pour les trois dernières strophes. Analysez l'effet produit.
• Quels pronoms personnels sont utilisés dans le poème ? Analysez leur importance respective et leur répartition.
• Le lecteur est-il très présent dans ce poème qui lui est adressé ? À quel moment apparaît-il ? Comment son entrée en scène est-elle ménagée ?
• Commentez l'usage des temps. Quel temps est majoritairement utilisé ? Quelles valeurs distinctes peuvent lui être attribuées ? Quelle valeur peut-on donner, par contraste, à la forme verbale utilisée au vers 35 ?
• Quels thèmes dominent le poème ? Par quels motifs sont-ils évoqués ?
• Relevez les métaphores et les comparaisons. Quelles associations suggèrent-elles ?
• Relevez les oxymores. En quoi orientent-ils le sens général du poème ?
• Quelle est la tonalité d'ensemble du poème ? Quel jugement le poète porte-t-il sur ce qu'il décrit ?

INTERPRÉTATIONS

• En quoi la relation établie par ce poème liminaire entre le poète et le lecteur relève-t-elle de la provocation ? À quoi invite-t-elle le lecteur ?
• En quoi « Au lecteur » opère-t-il un effet d'annonce des *Fleurs du mal* ? Quelle vision de l'humanité exprime-t-il ?
• Quel rôle ce poème assigne-t-il à la poésie ? En quoi ce poème apporte-t-il un éclairage au titre du recueil ?

Spleen et Idéal.
Illustration de Carlos Schwabe
pour l'édition Charles Meunier des Fleurs du mal, *1900.*
Paris, coll. J.-D. Jumeau-Lafond.

SPLEEN ET IDÉAL

I

BÉNÉDICTION

Lorsque, par un décret des puissances suprêmes,
Le Poète apparaît en ce monde ennuyé,
Sa mère épouvantée et pleine de blasphèmes
Crispe ses poings vers Dieu, qui la prend en pitié :

5   – « Ah ! que n'ai-je mis bas tout un nœud de vipères,
Plutôt que de nourrir cette dérision !
Maudite soit la nuit aux plaisirs éphémères
Où mon ventre a conçu mon expiation !

« Puisque tu m'as choisie entre toutes les femmes
10 Pour être le dégoût de mon triste mari,
Et que je ne puis pas rejeter dans les flammes,
Comme un billet d'amour, ce monstre rabougri,

« Je ferai rejaillir ta haine qui m'accable
Sur l'instrument maudit de tes méchancetés,
15 Et je tordrai si bien cet arbre misérable,
Qu'il ne pourra pousser ses boutons empestés ! »

Elle ravale ainsi l'écume de sa haine,
Et, ne comprenant pas les desseins éternels,

Elle-même prépare au fond de la Géhenne[1]
20 Les bûchers consacrés aux crimes maternels.

Pourtant, sous la tutelle invisible d'un Ange,
L'Enfant déshérité s'enivre de soleil,
Et dans tout ce qu'il voit et dans tout ce qu'il mange
Retrouve l'ambroisie[2] et le nectar[3] vermeil.

25 Il joue avec le vent, cause avec le nuage,
Et s'enivre en chantant du chemin de la croix ;
Et l'Esprit qui le suit dans son pèlerinage
Pleure de le voir gai comme un oiseau des bois.

Tous ceux qu'il veut aimer l'observent avec crainte,
30 Ou bien, s'enhardissant de sa tranquillité,
Cherchent à qui saura lui tirer une plainte,
Et font sur lui l'essai de leur férocité.

Dans le pain et le vin destinés à sa bouche
Ils mêlent de la cendre avec d'impurs crachats ;
35 Avec hypocrisie ils jettent ce qu'il touche,
Et s'accusent d'avoir mis leurs pieds dans ses pas.

Sa femme va criant sur les places publiques :
« Puisqu'il me trouve assez belle pour m'adorer,
Je ferai le métier des idoles antiques,
40 Et comme elles je veux me faire redorer ;

« Et je me soûlerai de nard[4], d'encens, de myrrhe[5],

---

1. **Géhenne** : vallée proche de Jérusalem, citée dans la Bible comme le séjour des réprouvés. Au sens figuré : torture, souffrance intense.
2. **Ambroisie** : nourriture des dieux de l'Olympe dans la mythologie grecque.
3. **Nectar** : breuvage des dieux dans la mythologie grecque.
4. **Nard** : parfum tiré d'une plante indienne.
5. **Myrrhe** : résine odorante offerte à l'enfant Jésus par les Rois mages avec l'encens et l'or.

Bénédiction.
Illustration de Carlos Schwabe
pour l'édition Charles Meunier des Fleurs du mal, *1900.*
Paris, coll. J.-D. Jumeau-Lafond.

De génuflexions, de viandes et de vins,
Pour savoir si je puis dans un cœur qui m'admire
Usurper en riant les hommages divins !

45 « Et, quand je m'ennuierai de ces farces impies,
Je poserai sur lui ma frêle et forte main ;
Et mes ongles, pareils aux ongles des harpies[1],
Sauront jusqu'à son cœur se frayer un chemin.

   « Comme un tout jeune oiseau qui tremble et qui palpite,
50 J'arracherai ce cœur tout rouge de son sein,
Et, pour rassasier ma bête favorite,
Je le lui jetterai par terre avec dédain ! »

Vers le Ciel, où son œil voit un trône splendide,
Le Poète serein lève ses bras pieux,
55 Et les vastes éclairs de son esprit lucide
Lui dérobent l'aspect des peuples furieux :

— « Soyez béni, mon Dieu, qui donnez la souffrance
Comme un divin remède à nos impuretés
Et comme la meilleure et la plus pure essence
60 Qui prépare les forts aux saintes voluptés !

« Je sais que vous gardez une place au Poète
Dans les rangs bienheureux des saintes Légions[2],
Et que vous l'invitez à l'éternelle fête
Des Trônes, des Vertus, des Dominations[3].

65 « Je sais que la douleur est la noblesse unique
Où ne mordront jamais la terre et les enfers,

---

1. **Harpies** : monstres mythologiques, à tête de femme et à corps d'oiseau.
2. **Les saintes Légions** : armées des anges.
3. **Trônes, Vertus et Dominations** : hiérarchie des anges.

REPÈRES

• Première pièce des *Fleurs du mal*, si l'on compte « Au lecteur » pour un poème préliminaire, « Bénédiction » compte aussi parmi les plus longs du recueil. Le thème romantique du poète maudit est l'occasion d'inaugurer la longue série des démons féminins dans *Les Fleurs du mal*.

OBSERVATION

• En vous appuyant sur l'analyse de l'énonciation (alternance du récit et du discours direct, distribution de la parole entre différents locuteurs), montrez que le poème se compose de trois mouvements d'étendues sensiblement égales.

• En relevant les allusions bibliques et en repérant ce qui confère au texte une dimension solennelle et sacrée, vous montrerez que le poème fait référence à la figure du Christ.

• Quels sont les rapports du poète avec les autres hommes ? En quoi peut-on parler de « poète maudit » ? Comment comprenez-vous par conséquent le titre de « Bénédiction » ?

• Inventoriez tout ce qui peut relever d'une inspiration autobiographique et personnelle dans le poème.

• En quoi peut-on parler de théâtralité dans ce poème ? Cette théâtralité vous paraît-elle aller dans le sens de la solennité et du sacré ou au contraire d'une certaine ironie ?

INTERPRÉTATIONS

• En vous appuyant sur les observations précédentes, vous montrerez que l'image du poète que donne « Bénédiction » est construite, à différents niveaux, sur des contrastes, voire des oppositions.

• Comment Baudelaire sacralise-t-il l'image du poète ?

Et qu'il faut pour tresser ma couronne mystique[1]
Imposer tous les temps et tous les univers.

« Mais les bijoux perdus de l'antique Palmyre[2],
70 Les métaux inconnus, les perles de la mer,
Par votre main montés, ne pourraient pas suffire
À ce beau diadème éblouissant et clair ;

« Car il ne sera fait que de pure lumière,
Puisée au foyer saint des rayons primitifs,
75 Et dont les yeux mortels, dans leur splendeur entière,
Ne sont que des miroirs obscurcis et plaintifs ! »

II

L'ALBATROS

Souvent, pour s'amuser, les hommes d'équipage A
Prennent des albatros, vastes oiseaux des mers, B
Qui suivent, indolents[3] compagnons de voyage, A
Le navire glissant sur les gouffres amers. B

5 À peine les ont-ils déposés sur les planches, A
Que ces rois de l'azur, maladroits et honteux, B
Laissent piteusement leurs grandes ailes blanches A
Comme des avirons traîner à côté d'eux. B

Ce voyageur ailé, comme il est gauche et veule[4] ! A
10 Lui, naguère si beau, qu'il est comique et laid ! B

---

1. **Couronne mystique** : récompense accordée par Dieu aux martyrs de la foi.
2. **Palmyre** : cité antique de Mésopotamie située aujourd'hui sur le territoire de la Syrie.
3. **Indolents** : nonchalants, indifférents.
4. **Veule** : sans vigueur ni volonté.

Repères

• Poème ajouté à l'édition de 1861, « L'Albatros » occupe la deuxième place du recueil, en remplacement du « Soleil », reporté à la deuxième place des « Tableaux parisiens ». Quel rapprochement peut-on faire entre les deux poèmes qui partagent cette place inaugurale, « Bénédiction » et « L'Albatros » ?

Observation

• Étudiez la composition d'ensemble du poème. Montrez qu'on peut rapprocher les strophes 1 et 4 d'une part, les strophes 2 et 3 d'autre part.
• Quel est le temps employé dans l'ensemble du poème ? A-t-il la même valeur dans chacune des strophes ? Relevez les adverbes de temps et montrez en quoi ils confirment l'observation qui résulte de l'étude temporelle.
• La troisième strophe a été ajoutée en 1859 (le poème date de 1843). En quoi se distingue-t-elle de la deuxième strophe ? Qu'apporte-t-elle de nouveau ?
• Le poème repose sur une comparaison. Comment est-elle amenée ? Étudiez en particulier le passage du pluriel au singulier pour parler de l'oiseau.
• Quelle est la figure employée au second hémistiche du vers 12 ? Montrez qu'elle résume deux champs lexicaux opposés tout au long des trois premiers quatrains.
• Quelle est la figure utilisée aux vers 13-14 ? Aux vers 15-16 ? Montrez que le rapprochement entre le poète et l'albatros est préparé dans les trois premières strophes.
• Montrez cependant les rapprochements qu'on peut faire également entre l'albatros et les hommes d'équipage, entre l'albatros et l'homme en général.

Interprétations

• Quelle conception Baudelaire propose-t-il à travers ce poème de la poésie et de la situation du poète ?

L'un agace son bec avec un brûle-gueule[1],
L'autre mime, en boitant, l'infirme qui volait !

Le Poète est semblable au prince des nuées
Qui hante la tempête et se rit de l'archer ;
15 Exilé sur le sol au milieu des huées,
Ses ailes de géant l'empêchent de marcher.

III

ÉLÉVATION

Au-dessus des étangs, au-dessus des vallées,
Des montagnes, des bois, des nuages, des mers,
Par-delà le soleil, par-delà les éthers[2],
Par-delà les confins[3] des sphères étoilées,

5 Mon esprit, tu te meus avec agilité,
Et, comme un bon nageur qui se pâme dans l'onde,
Tu sillonnes gaiement l'immensité profonde
Avec une indicible et mâle volupté.

Envole-toi bien loin de ces miasmes[4] morbides ;
10 Va te purifier dans l'air supérieur,
Et bois, comme une pure et divine liqueur,
Le feu clair qui remplit les espaces limpides.

Derrière les ennuis et les vastes chagrins
Qui chargent de leur poids l'existence brumeuse,

---

1. **Brûle-gueule :** pipe à tuyau très court.
2. **Éthers :** pour les Anciens, espace situé au-delà de l'atmosphère.
3. **Confins :** extrémités, limites d'un territoire.
4. **Miasmes :** émanations nauséabondes provenant de corps en décompositions.

REPÈRES

• Reprenant les thèmes développés dans « L'Albatros », « Élévation » évoque la postulation du poète vers le lieu inaccessible de l'Idéal. Ces deux poèmes constituent, en ouverture du recueil, une évocation de la position double et contradictoire du poète, entre Spleen et Idéal.

OBSERVATION

• Analysez et commentez l'énonciation dans le poème (étudiez le mode et le temps des verbes, les pronoms personnels et démonstratifs liés à l'émetteur et au récepteur de l'énonciation).
• Étudiez les figures de la répétition et de l'accumulation dans la première strophe. Quel est l'effet produit ?
• Quel est le champ lexical dominant dans cette strophe ? Relevez dans cette strophe et dans le reste du poème tous les termes qui le constituent et commentez-les.
• Quel est le champ lexical dominant dans la deuxième strophe ? Par quelle figure de style est-il associé à celui que vous avez étudié dans la première strophe ?
• En quoi les vers 9, 13 et 14 contrastent-ils avec les sensations décrites dans les trois premières strophes ?
• Montrez que la dernière strophe reprend la figure de style développée dans les deux premières strophes. Lequel des deux termes est ici développé ?

INTERPRÉTATIONS

• En quoi le titre de la première section, « Spleen et Idéal », éclaire-t-il le sens de ce poème ?
• Quelle conception de la création et de l'existence du poète Baudelaire développe-t-il ici ?
• Quel lien peut-on faire entre le dernier vers de ce poème et le poème suivant, « Correspondances » ? Qu'en déduisez-vous ?

15 Heureux celui qui peut d'une aile vigoureuse
S'élancer vers les champs lumineux et sereins ;

Celui dont les pensers[1], comme des alouettes,
Vers les cieux le matin prennent un libre essor,
– Qui plane sur la vie, et comprend sans effort
20 Le langage des fleurs et des choses muettes !

IV

CORRESPONDANCES

La Nature est un temple où de vivants piliers
Laissent parfois sortir de confuses paroles ;
L'homme y passe à travers des forêts de symboles
Qui l'observent avec des regards familiers.

5 Comme de longs échos qui de loin se confondent
Dans une ténébreuse et profonde unité,
Vaste comme la nuit et comme la clarté,
Les parfums, les couleurs et les sons se répondent.

Il est des parfums frais comme des chairs d'enfants,
10 Doux comme les hautbois, verts comme les prairies,
– Et d'autres, corrompus, riches et triomphants,

Ayant l'expansion des choses infinies,
Comme l'ambre[2], le musc[3], le benjoin[4] et l'encens,
Qui chantent les transports de l'esprit et des sens.

---

1. **Pensers** : pensées (forme vieillie).
2. **Ambre** : substance odorante d'origine organique.
3. **Musc** : substance odorante d'origine organique.
4. **Benjoin** : substance odorante tirée d'un arbuste.

Repères

• Ce sonnet, le premier du recueil, est sans doute le poème le plus commenté de toute l'œuvre de Baudelaire. Inspiré par une tradition qui se fonde sur l'œuvre de Platon, Baudelaire donne ici une définition des correspondances. En vous appuyant sur l'étude des déterminants du nom (articles en particulier), et sur celui des formes verbales (temps et mode), vous montrerez que ce poème se donne la forme d'un texte d'idées.

Observation

• Étudiez la structure syntaxique du poème : de combien de phrases se compose-t-il ? Quelle est leur longueur ? Comparez la structure syntaxique du poème à sa division en strophes.
• Il existe deux types de correspondances, les correspondances verticales, entre l'univers sensible et un univers transcendant, et les correspondances horizontales, qui mettent en rapport les différents sens, les synesthésies. Relevez les unes et les autres dans ce poème.
• Étudiez la disposition des rimes dans le sonnet. S'agit-il d'un sonnet régulier ? (voir p. 264). Étudiez plus particulièrement les rimes des deux tercets. Quelles remarques appellent-elles ? En quoi la dernière rime peut-elle être isolée des autres ? À quoi fait-elle écho ?
• Relevez les échos sonores (allitérations et assonances) qui tissent le poème. Quels termes permettent-ils de rapprocher ? Quelle remarque peut-on faire, dans cette perspective, sur la sonorité du titre ?
• Montrez que les deux tercets développent l'idée exprimée au vers 8.
• Des différents sens, lequel est davantage sollicité dans les tercets ? Quels sont les différents types de parfums évoqués dans ces deux strophes ? Comment sont-ils qualifiés ? À quoi sont-ils comparés ? À votre avis, que représentent-ils ?
• Commentez le vers 13. À quoi renvoient les termes de cette énumération ?

Interprétations

• En étudiant les figures employées (métaphores, comparaisons), montrez que les correspondances sont révélées par le langage poétique.
• En illustrant votre propos par d'autres poèmes des *Fleurs du mal*, dites pourquoi on peut parler, à propos de ce poème, d'un art poétique de Baudelaire ?

V

J'aime le souvenir de ces époques nues,
Dont Phœbus[1] se plaisait à dorer les statues.
Alors l'homme et la femme en leur agilité
Jouissaient sans mensonge et sans anxiété,
5 Et, le ciel amoureux leur caressant l'échine,
Exerçaient la santé de leur noble machine[2].
Cybèle[3] alors, fertile en produits généreux,
Ne trouvait point ses fils un poids trop onéreux[4],
Mais, louve au cœur gonflé de tendresses communes,
10 Abreuvait l'univers à ses tétines brunes.
L'homme, élégant, robuste et fort, avait le droit
D'être fier des beautés qui le nommaient leur roi ;
Fruits purs de tout outrage et vierges de gerçures,
Dont la chair lisse et ferme appelait les morsures !

15 Le Poète aujourd'hui, quand il veut concevoir
Ces natives[5] grandeurs, aux lieux où se font voir
La nudité de l'homme et celle de la femme,
Sent un froid ténébreux envelopper son âme
Devant ce noir tableau plein d'épouvantement.
20 Ô monstruosités pleurant leur vêtement !
Ô ridicules troncs ! torses dignes des masques !
Ô pauvres corps tordus, maigres, ventrus ou flasques,
Que le dieu de l'Utile, implacable et serein,
Enfants, emmaillota dans ses langes d'airain !
25 Et vous, femmes, hélas ! pâles comme des cierges,
Que ronge et que nourrit la débauche, et vous, vierges,

---

1. **Phœbus** : nom solaire d'Apollon.
2. **Machine** : corps humain (expression classique).
3. **Cybèle** : déesse de la fécondité et de la nature dans la mythologie grecque.
4. **Onéreux** : coûteux.
5. **Natives** : originelles.

Du vice maternel traînant l'hérédité
Et toutes les hideurs de la fécondité !

Nous avons, il est vrai, nations corrompues,
30 Aux peuples anciens des beautés inconnues :
Des visages rongés par les chancres[1] du cœur,
Et comme qui dirait des beautés de langueur ;
Mais ces inventions de nos muses tardives
N'empêcheront jamais les races maladives
35 De rendre à la jeunesse un hommage profond,
– À la sainte jeunesse, à l'air simple, au doux front,
À l'œil limpide et clair ainsi qu'une eau courante,
Et qui va répandant sur tout, insouciante
Comme l'azur du ciel, les oiseaux et les fleurs,
40 Ses parfums, ses chansons et ses douces chaleurs !

VI

LES PHARES

Rubens, fleuve d'oubli, jardin de la paresse,
Oreiller de chair fraîche où l'on ne peut aimer,
Mais où la vie afflue et s'agite sans cesse,
Comme l'air dans le ciel et la mer dans la mer ;

5 Léonard de Vinci, miroir profond et sombre,
Où des anges charmants, avec un doux souris[2]
Tout chargé de mystère, apparaissent à l'ombre
Des glaciers et des pins qui ferment leur pays ;

---

1. **Chancres** : plaies ouvertes le plus souvent d'origine infectieuse.
2. **Souris** : sourire (forme classique).

Rembrandt, triste hôpital tout rempli de murmures,
10 Et d'un grand crucifix décoré seulement,
Où la prière en pleurs s'exhale[1] des ordures,
Et d'un rayon d'hiver traversé brusquement ;

Michel-Ange, lieu vague où l'on voit des Hercules
Se mêler à des Christs, et se lever tout droits
15 Des fantômes puissants qui dans les crépuscules
Déchirent leur suaire[2] en étirant leurs doigts ;

Colères de boxeur, impudences de faune,
Toi qui sus ramasser la beauté des goujats[3],
Grand cœur gonflé d'orgueil, homme débile[4] et jaune,
20 Puget[5], mélancolique empereur des forçats ;

Watteau, ce carnaval où bien des cœurs illustres,
Comme des papillons, errent en flamboyant,
Décors frais et légers éclairés par des lustres
Qui versent la folie à ce bal tournoyant ;

25 Goya, cauchemar plein de choses inconnues,
De fœtus qu'on fait cuire au milieu des sabbats[6],
De vieilles au miroir et d'enfants toutes nues,
Pour tenter les démons ajustant bien leurs bas ;

Delacroix, lac de sang hanté des mauvais anges,
30 Ombragé par un bois de sapins toujours vert,
Où, sous un ciel chagrin, des fanfares étranges
Passent, comme un soupir étouffé de Weber[7] ;

---

1. S'exhaler : se répandre (pour une odeur, une vapeur ou un gaz).
2. Suaire : pièce de tissu destinée à ensevelir un mort.
3. Goujats : hommes grossiers.
4. Débile : faible, sans force (sens classique).
5. Puget (1620-1694) : sculpteur français.
6. Sabbat : réunion de sorcières.
7. Weber (1786-1826) : musicien allemand.

Ces malédictions, ces blasphèmes, ces plaintes,
Ces extases, ces cris, ces pleurs, ces *Te Deum*[1],
35 Sont un écho redit par mille labyrinthes ;
C'est pour les cœurs mortels un divin opium !

C'est un cri répété par mille sentinelles,
Un ordre renvoyé par mille porte-voix ;
C'est un phare allumé sur mille citadelles,
40 Un appel de chasseurs perdus dans les grands bois !

Car c'est vraiment, Seigneur, le meilleur témoignage
Que nous puissions donner de notre dignité
Que cet ardent sanglot qui roule d'âge en âge
Et vient mourir au bord de votre éternité !

VII

LA MUSE MALADE

Ma pauvre muse, hélas ! qu'as-tu donc ce matin ?
Tes yeux creux sont peuplés de visions nocturnes,
Et je vois tour à tour réfléchis sur ton teint
La folie et l'horreur, froides et taciturnes.

5 Le succube[2] verdâtre et le rose lutin
T'ont-ils versé la peur et l'amour de leurs urnes[3] ?
Le cauchemar, d'un poing despotique et mutin,
T'a-t-il noyée au fond d'un fabuleux Minturnes[4] ?

---

1. **Te Deum** : premiers mots d'un cantique catholique, *Te Deum laudamus*, Nous te louons Seigneur.
2. **Succube** : démon femelle.
3. **Urne** : récipient destiné à recueillir les cendres d'un mort.
4. **Minturnes** : ville proche de Rome, située dans une zone marécageuse.

Je voudrais qu'exhalant[1] l'odeur de la santé
10 Ton sein de pensers[2] forts fût toujours fréquenté,
Et que ton sang chrétien coulât à flots rythmiques,

Comme les sons nombreux des syllabes antiques,
Où règnent tour à tour le père des chansons,
Phœbus[3], et le grand Pan[4], le seigneur des moissons.

VIII

LA MUSE VÉNALE

Ô muse de mon cœur, amante des palais,
Auras-tu, quand Janvier lâchera ses Borées[5],
Durant les noirs ennuis des neigeuses soirées,
Un tison pour chauffer tes deux pieds violets ?

5 Ranimeras-tu donc tes épaules marbrées
Aux nocturnes rayons qui percent les volets ?
Sentant ta bourse à sec autant que ton palais,
Récolteras-tu l'or des voûtes azurées ?

Il te faut, pour gagner ton pain de chaque soir,
10 Comme un enfant de chœur, jouer de l'encensoir[6],
Chanter des *Te Deum*[7] auxquels tu ne crois guère,

---

1. **Exhaler** : voir note 1 p. 56.
2. **Pensers** : voir note 1 p. 52.
3. **Phœbus** : voir note 1 p. 54.
4. **Pan** : dieu grec de la fécondité, mi homme, mi bouc.
5. **Borée** : dieu du vent dans la mythologie grecque.
6. **Encensoir** : récipient dans lequel on brûle l'encens.
7. **Te Deum** : voir note 1, p. 57.

Ou, saltimbanque à jeun, étaler tes appas[1]
Et ton rire trempé de pleurs qu'on ne voit pas,
Pour faire épanouir la rate du vulgaire.

IX

LE MAUVAIS MOINE

Les cloîtres anciens sur leurs grandes murailles
Étalaient en tableaux la sainte Vérité,
Dont l'effet, réchauffant les pieuses entrailles,
Tempérait la froideur de leur austérité.

5 En ces temps où du Christ florissaient les semailles,
Plus d'un illustre moine, aujourd'hui peu cité,
Prenant pour atelier le champ des funérailles,
Glorifiait la Mort avec simplicité.

– Mon âme est un tombeau que, mauvais cénobite[2],
10 Depuis l'éternité je parcours et j'habite ;
Rien n'embellit les murs de ce cloître odieux.

Ô moine fainéant ! quand saurai-je donc faire
Du spectacle vivant de ma triste misère
Le travail de mes mains et l'amour de mes yeux ?

---

1. **Appas** : voir note 4, p. 39.
2. **Cénobite** : moine des premiers siècles chrétiens.

X

L'ENNEMI

Ma jeunesse ne fut qu'un ténébreux orage,
Traversé çà et là par de brillants soleils ;
Le tonnerre et la pluie ont fait un tel ravage,
Qu'il reste en mon jardin bien peu de fruits vermeils.

5 Voilà que j'ai touché l'automne des idées,
Et qu'il faut employer la pelle et les râteaux
Pour rassembler à neuf les terres inondées,
Où l'eau creuse des trous grands comme des tombeaux.

Et qui sait si les fleurs nouvelles que je rêve
10 Trouveront dans ce sol lavé comme une grève[1]
Le mystique aliment qui ferait leur vigueur ?

– Ô douleur ! ô douleur ! Le Temps mange la vie,
Et l'obscur Ennemi qui nous ronge le cœur
Du sang que nous perdons croît et se fortifie !

XI

LE GUIGNON

Pour soulever un poids si lourd,
Sisyphe[2], il faudrait ton courage !
Bien qu'on ait du cœur à l'ouvrage,
L'Art est long et le Temps est court.

---

1. **Grève** : bordure immédiate de la mer ou d'une rivière.
2. **Sisyphe** : héros de la mythologie grecque, condamné à rouler éternellement un rocher en remontant une pente pour avoir révélé l'enlèvement de la jeune Egine par Zeus.

5 Loin des sépultures célèbres,
   Vers un cimetière isolé,
   Mon cœur, comme un tambour voilé,
   Va battant des marches funèbres.

   – Maint joyau dort enseveli
10 Dans les ténèbres et l'oubli,
   Bien loin des pioches et des sondes ;

   Mainte fleur épanche à regret
   Son parfum doux comme un secret
   Dans les solitudes profondes.

XII

LA VIE ANTÉRIEURE

J'ai longtemps habité sous de vastes portiques
Que les soleils marins teignaient de mille feux,
Et que leurs grands piliers, droits et majestueux,
Rendaient pareils, le soir, aux grottes basaltiques[1].

5 Les houles, en roulant les images des cieux,
  Mêlaient d'une façon solennelle et mystique
  Les tout-puissants accords de leur riche musique
  Aux couleurs du couchant reflété par mes yeux.

  C'est là que j'ai vécu dans les voluptés calmes,
10 Au milieu de l'azur, des vagues, des splendeurs
   Et des esclaves nus, tout imprégnés d'odeurs,

---

1. **Basaltique :** de basalte, roche éruptive de couleur noire.

REPÈRES

• Imprégné d'une atmosphère exotique, qui fait penser au voyage que Baudelaire fit en Orient, ce sonnet évoque un lieu autre qui est à rechercher surtout du côté de l'imagination et du souvenir.

OBSERVATION

• Les temps utilisés dans ce poème sont le passé composé et l'imparfait. Quelle est la valeur respective de ces deux temps verbaux ? En vous fondant sur le premier hémistiche du vers 1, dites ce que suggère l'emploi du participe passé.

• Montrez que le poème renvoie à deux moments distincts dans le passé. Sont-ils, l'un et l'autre, définis avec précision ?

• Relevez toutes les marques de la première personne dans le poème. Quel rapport s'établit entre l'univers décrit et le poète ?

• Qu'est-ce qui différencie le thème des deux quatrains et celui des deux tercets ? Comment passe-t-on de l'un à l'autre ? Comparez ensuite le premier hémistiche de chacun des vers 1 et 9.

• Relevez les pluriels du poème. Que constatez-vous ? Avec quel terme du deuxième quatrain peut-on mettre en rapport l'effet produit ?

• Comment est composé le tableau décrit dans les deux premiers quatrains ? Quels éléments ont pu être inspirés à Baudelaire par le souvenir de son voyage aux Indes ? Montrez que ce paysage est surtout le résultat d'une vision d'artiste.

• Quels sont les éléments architecturaux de ce tableau ? Que nous suggèrent-ils ?

• Relevez les synesthésies qui y sont développées. Quels sont les différents modes d'expression artistique qui sont ainsi mis en rapport ?

• Le premier quatrain est davantage d'ordre visuel, le second d'ordre musical. Montrez comment le rythme et les assonances de ce deuxième quatrain incarnent ce thème musical.

• À quelle figure correspond l'expression « voluptés calmes » ? Cette expression est-elle surprenante dans *Les Fleurs du mal* ?

• Traditionnellement, le sonnet tend tout entier vers une pointe (voir p. 264). Quelle est ici la fonction de la pointe ?

Interprétations

• En vous appuyant sur les observations précédentes, commentez le titre du poème.
• Montrez que la vision décrite dans ce poème pourrait être de nature imaginaire. Le bonheur évoqué ici est-il à votre avis sans réserve ?

Qui me rafraîchissaient le front avec des palmes,
Et dont l'unique soin était d'approfondir
Le secret douloureux qui me faisait languir.

XIII

BOHÉMIENS EN VOYAGE

La tribu prophétique aux prunelles ardentes
Hier s'est mise en route, emportant ses petits
Sur son dos, ou livrant à leurs fiers appétits
Le trésor toujours prêt des mamelles pendantes.

5 Les hommes vont à pied sous leurs armes luisantes
Le long des chariots où les leurs sont blottis,
Promenant sur le ciel des yeux appesantis
Par le morne regret des chimères[1] absentes.

Du fond de son réduit sablonneux, le grillon,
10 Les regardant passer, redouble sa chanson ;
Cybèle[2], qui les aime, augmente ses verdures,

Fait couler le rocher et fleurir le désert
Devant ces voyageurs, pour lesquels est ouvert
L'empire familier des ténèbres futures.

---

1. **Chimères** : créatures mythologiques formées d'une tête de lion, d'un corps de chèvre et d'une queue de dragon.
2. **Cybèle** : voir note 3, p. 54.

XIV

L'HOMME ET LA MER

Homme libre, toujours tu chériras la mer !
La mer est ton miroir ; tu contemples ton âme
Dans le déroulement infini de sa lame,
Et ton esprit n'est pas un gouffre moins amer.

5 Tu te plais à plonger au sein de ton image ;
Tu l'embrasses des yeux et des bras, et ton cœur
Se distrait quelquefois de sa propre rumeur
Au bruit de cette plainte indomptable et sauvage.

Vous êtes tous les deux ténébreux et discrets :
10 Homme, nul n'a sondé le fond de tes abîmes ;
Ô mer, nul ne connaît tes richesses intimes,
Tant vous êtes jaloux de garder vos secrets !

Et cependant voilà des siècles innombrables
Que vous vous combattez sans pitié ni remord,
15 Tellement vous aimez le carnage et la mort,
Ô lutteurs éternels, ô frères implacables !

XV

DON JUAN AUX ENFERS

Quand Don Juan descendit vers l'onde souterraine
Et lorsqu'il eut donné son obole[1] à Charon[2],
Un sombre mendiant, l'œil fier comme Antisthène[3],
D'un bras vengeur et fort saisit chaque aviron.

5 Montrant leurs seins pendants et leurs robes ouvertes,
Des femmes se tordaient sous le noir firmament,
Et, comme un grand troupeau de victimes offertes,
Derrière lui traînaient un long mugissement.

Sganarelle[4] en riant lui réclamait ses gages,
10 Tandis que Don Luis avec un doigt tremblant
Montrait à tous les morts errant sur les rivages
Le fils audacieux qui railla son front blanc.

Frissonnant sous son deuil, la chaste et maigre Elvire,
Près de l'époux perfide et qui fut son amant,
15 Semblait lui réclamer un suprême sourire
Où brillât la douceur de son premier serment.

Tout droit dans son armure, un grand homme de pierre
Se tenait à la barre et coupait le flot noir ;
Mais le calme héros, courbé sur sa rapière[5],
20 Regardait le sillage et ne daignait rien voir.

---

1. **Obole** : pièce de monnaie que les Grecs glissaient dans la bouche des morts pour payer Charon.
2. **Charon** : dans la mythologie grecque, passeur qui transportait les morts de l'autre côté de l'Achéron, fleuve des Enfers.
3. **Antisthène** : philosophe grec (env. 444-365 av. J.-C.).
4. **Sganarelle, Don Luis, Elvire et le commandeur (l'homme de pierre désigne sa statue) sont les principales figures du mythe de Don Juan.
5. **Rapière** : épée longue et effilée.

XVI

CHÂTIMENT DE L'ORGUEIL

En ces temps merveilleux où la Théologie
Fleurit avec le plus de sève et d'énergie,
On raconte qu'un jour un docteur des plus grands,
– Après avoir forcé les cœurs indifférents ;
5 Les avoir remués dans leurs profondeurs noires ;
Après avoir franchi vers les célestes gloires
Des chemins singuliers à lui-même inconnus,
Où les purs Esprits seuls peut-être étaient venus, –
Comme un homme monté trop haut, pris de panique,
10 S'écria, transporté d'un orgueil satanique :
« Jésus, petit Jésus ! je t'ai poussé bien haut !
Mais, si j'avais voulu t'attaquer au défaut
De l'armure, ta honte égalerait ta gloire,
Et tu ne serais plus qu'un fœtus dérisoire ! »

15 Immédiatement sa raison s'en alla.
L'éclat de ce soleil d'un crêpe[1] se voila ;
Tout le chaos roula dans cette intelligence,
Temple autrefois vivant, plein d'ordre et d'opulence,
Sous les plafonds duquel tant de pompe avait lui.
20 Le silence et la nuit s'installèrent en lui,
Comme dans un caveau dont la clef est perdue.
Dès lors il fut semblable aux bêtes de la rue,
Et, quand il s'en allait sans rien voir, à travers
Les champs, sans distinguer les étés des hivers,
25 Sale, inutile et laid comme une chose usée,
Il faisait des enfants la joie et la risée.

---

1. **Crêpe :** tissu léger utilisé en particulier pour les deuils.

Sculpture. *Gustav Klimt, 1896.*
Craie noire frottée, crayon, lavis rehaussé d'or.
Vienne, Historisches Museum der Stadt.

XVII

LA BEAUTÉ

Je suis belle, ô mortels ! comme un rêve de pierre,
Et mon sein, où chacun s'est meurtri tour à tour,
Est fait pour inspirer au poète un amour
Éternel et muet ainsi que la matière.

5   Je trône dans l'azur comme un sphinx[1] incompris ;
J'unis un cœur de neige à la blancheur des cygnes ;
Je hais le mouvement qui déplace les lignes,
Et jamais je ne pleure et jamais je ne ris.

Les poètes, devant mes grandes attitudes,
10 Que j'ai l'air d'emprunter aux plus fiers monuments,
Consumeront leurs jours en d'austères études ;

Car j'ai, pour fasciner ces dociles amants,
De purs miroirs qui font toutes choses plus belles :
Mes yeux, mes larges yeux aux clartés éternelles !

XVIII

L'IDÉAL

Ce ne seront jamais ces beautés de vignettes,
Produits avariés, nés d'un siècle vaurien,
Ces pieds à brodequins, ces doigts à castagnettes,
Qui sauront satisfaire un cœur comme le mien.

---

1. **Sphinx** : animal mythologique, à corps de lion et à tête de femme.

REPÈRES

• À l'instar des poètes de l'art pour l'art (voir p.17), comme Théophile Gautier et Théodore de Banville, Baudelaire se livre ici à une évocation toute parnassienne (voir p.17) de la beauté. Mais cette célébration est le constat d'un échec.

OBSERVATION

• L'ensemble du poème est une allégorie de la beauté. Relevez tous les termes, comparants et comparés, sur lesquels repose cette allégorie.
• Quels sont les caractéristiques et les pouvoirs de la beauté ?
• Quelle est la figure employée au premier hémistiche du premier vers ? Commentez-la et montrez qu'elle repose sur une opposition.
• Relevez tous les termes composant le champ lexical de l'impuissance. À qui se rapportent-ils ?
• Relevez tous les termes composant le champ lexical de la destruction et de la mort.
• Quelle interprétation peut-on faire de l'abondance des pronoms de la première personne dans le poème ?
• Quelle est l'attitude du poète par rapport à la beauté ?

INTERPRÉTATIONS

• Montrez que la beauté est un idéal inaccessible qui révèle l'impuissance du poète.

5 Je laisse à Gavarni[1], poète des chloroses[2],
  Son troupeau gazouillant de beautés d'hôpital,
  Car je ne puis trouver parmi ces pâles roses
  Une fleur qui ressemble à mon rouge idéal.

  Ce qu'il faut à ce cœur profond comme un abîme,
10 C'est vous, Lady Macbeth[3], âme puissante au crime,
  Rêve d'Eschyle[4] éclos au climat des autans[5],

  Ou bien toi, grande Nuit, fille de Michel-Ange,
  Qui tors paisiblement dans une pose étrange
  Tes appas[6] façonnés aux bouches des Titans[7].

XIX

LA GÉANTE

Du temps que la Nature en sa verve puissante
Concevait chaque jour des enfants monstrueux,
J'eusse aimé vivre auprès d'une jeune géante,
Comme aux pieds d'une reine un chat voluptueux.

5 J'eusse aimé voir son corps fleurir avec son âme
Et grandir librement dans ses terribles jeux ;
Deviner si son cœur couve une sombre flamme
Aux humides brouillards qui nagent dans ses yeux ;

---

1. **Gavarni** : dessinateur français (1804-1866).
2. **Chlorose** : forme d'anémie se manifestant par la pâleur de la peau.
3. **Lady Macbeth** : personnage d'une tragédie de Shakespeare qui pousse son mari à assassiner le roi d'Écosse pour prendre sa place.
4. **Eschyle** : auteur tragique grec (Vᵉ siècle av. J.-C.).
5. **Autan** : vent orageux du sud de la France.
6. **Appas** : voir note 4, p. 39.
7. **Titans** : géants de la mythologie grecque.

Parcourir à loisir ses magnifiques formes ;
10 Ramper sur le versant de ses genoux énormes,
Et parfois en été, quand les soleils malsains,

Lasse, la font s'étendre à travers la campagne,
Dormir nonchalamment à l'ombre de ses seins,
Comme un hameau paisible au pied d'une montagne.

XX

LE MASQUE

STATUE ALLÉGORIQUE
DANS LE GOÛT DE LA RENAISSANCE

À Ernest Christophe, statuaire.

Contemplons ce trésor de grâces florentines ;
Dans l'ondulation de ce corps musculeux
L'Élégance et la Force abondent, sœurs divines.
Cette femme, morceau vraiment miraculeux,
5 Divinement robuste, adorablement mince,
Est faite pour trôner sur des lits somptueux,
Et charmer les loisirs d'un pontife[1] ou d'un prince.

– Aussi, vois ce souris[2] fin et voluptueux
Où la Fatuité[3] promène son extase ;
10 Ce long regard sournois, langoureux et moqueur ;
Ce visage mignard[4], tout encadré de gaze,

---

1. **Pontife** : dignitaire religieux de la religion romaine antique. Titre donné au pape et aux évêques dans la religion catholique.
2. **Souris** : voir note 2, p. 55.
3. **Fatuité** : autosatisfaction un peu hautaine.
4. **Mignard** : délicatesse affectée.

Dont chaque trait nous dit avec un air vainqueur :
« La Volupté m'appelle et l'Amour me couronne ! »
À cet être doué de tant de majesté
15 Vois quel charme excitant la gentillesse donne !
Approchons, et tournons autour de sa beauté.

Ô blasphème de l'art ! ô surprise fatale !
La femme au corps divin, promettant le bonheur,
Par le haut se termine en monstre bicéphale !
20 – Mais non ! ce n'est qu'un masque, un décor suborneur[1],
Ce visage éclairé d'une exquise grimace,
Et, regarde, voici, crispée atrocement,
La véritable tête, et la sincère face
Renversée à l'abri de la face qui ment.
25 Pauvre grande beauté ! le magnifique fleuve
De tes pleurs aboutit dans mon cœur soucieux ;
Ton mensonge m'enivre, et mon âme s'abreuve
Aux flots que la Douleur fait jaillir de tes yeux !

– Mais pourquoi pleure-t-elle ? Elle, beauté parfaite
30 Qui mettrait à ses pieds le genre humain vaincu,
Quel mal mystérieux ronge son flanc d'athlète ?

– Elle pleure, insensé, parce qu'elle a vécu !
Et parce qu'elle vit ! Mais ce qu'elle déplore
Surtout, ce qui la fait frémir jusqu'aux genoux,
35 C'est que demain, hélas ! il faudra vivre encore !
Demain, après-demain et toujours ! – comme nous !

---

1. **Suborneur** : séducteur, trompeur.

XXI

HYMNE À LA BEAUTÉ

Viens-tu du ciel profond ou sors-tu de l'abîme,
Ô Beauté ? ton regard, infernal et divin,
Verse confusément le bienfait et le crime,
Et l'on peut pour cela te comparer au vin.

5   Tu contiens dans ton œil le couchant et l'aurore ;
Tu répands des parfums comme un soir orageux ;
Tes baisers sont un philtre et ta bouche une amphore
Qui font le héros lâche et l'enfant courageux.

Sors-tu du gouffre noir ou descends-tu des astres ?
10 Le Destin charmé suit tes jupons comme un chien ;
Tu sèmes au hasard la joie et les désastres,
Et tu gouvernes tout et ne réponds de rien.

Tu marches sur des morts, Beauté, dont tu te moques ;
De tes bijoux l'Horreur n'est pas le moins charmant,
15 Et le Meurtre, parmi tes plus chères breloques,
Sur ton ventre orgueilleux danse amoureusement.

L'éphémère[1] ébloui vole vers toi, chandelle,
Crépite, flambe et dit : Bénissons ce flambeau !
L'amoureux pantelant incliné sur sa belle
20 A l'air d'un moribond caressant son tombeau.

Que tu viennes du ciel ou de l'enfer, qu'importe,
Ô Beauté ! monstre énorme, effrayant, ingénu !

---

1. **Éphémère :** insecte volant dont la vie ne dure qu'une journée.

Si ton œil, ton souris[1], ton pied, m'ouvrent la porte
D'un Infini que j'aime et n'ai jamais connu ?

25 De Satan ou de Dieu, qu'importe ? Ange ou Sirène,
Qu'importe, si tu rends, – fée aux yeux de velours,
Rythme, parfum, lueur, ô mon unique reine ! –
L'univers moins hideux et les instants moins lourds ?

XXII

PARFUM EXOTIQUE

Quand, les deux yeux fermés, en un soir chaud d'automne,
Je respire l'odeur de ton sein chaleureux,
Je vois se dérouler des rivages heureux
Qu'éblouissent les feux d'un soleil monotone ;

5 Une île paresseuse où la nature donne
Des arbres singuliers et des fruits savoureux ;
Des hommes dont le corps est mince et vigoureux,
Et des femmes dont l'œil par sa franchise étonne.

Guidé par ton odeur vers de charmants climats,
10 Je vois un port rempli de voiles et de mâts
Encor tout fatigués par la vague marine,

Pendant que le parfum des verts tamariniers[2],
Qui circule dans l'air et m'enfle la narine,
Se mêle dans mon âme au chant des mariniers.

---

1. **Souris :** voir note 2, p. 55.
2. **Tamariniers :** arbres à fleurs tropicaux.

XXIII

LA CHEVELURE

Ô toison, moutonnant jusque sur l'encolure !
Ô boucles ! Ô parfum chargé de nonchaloir[1] !
Extase ! Pour peupler ce soir l'alcôve obscure
Des souvenirs dormant dans cette chevelure,
5   Je la veux agiter dans l'air comme un mouchoir !

La langoureuse Asie et la brûlante Afrique,
Tout un monde lointain, absent, presque défunt,
Vit dans tes profondeurs, forêt aromatique !
Comme d'autres esprits voguent sur la musique,
10 Le mien, ô mon amour ! nage sur ton parfum.

J'irai là-bas où l'arbre et l'homme, pleins de sève,
Se pâment longuement sous l'ardeur des climats ;
Fortes tresses, soyez la houle qui m'enlève !
Tu contiens, mer d'ébène, un éblouissant rêve
15 De voiles, de rameurs, de flammes et de mâts :

Un port retentissant où mon âme peut boire
À grands flots le parfum, le son et la couleur ;
Où les vaisseaux, glissant dans l'or et dans la moire[2],
Ouvrent leurs vastes bras pour embrasser la gloire
20 D'un ciel pur où frémit l'éternelle chaleur.

Je plongerai ma tête amoureuse d'ivresse
Dans ce noir océan où l'autre est enfermé ;
Et mon esprit subtil que le roulis caresse

---

1. **Nonchaloir** : nonchalance.
2. **Moire** : tissu d'aspect brillant.

Saura vous retrouver, ô féconde paresse,
25 Infinis bercements du loisir embaumé[1] !

Cheveux bleus, pavillon[2] de ténèbres tendues,
Vous me rendez l'azur du ciel immense et rond ;
Sur les bords duvetés de vos mèches tordues
Je m'enivre ardemment des senteurs confondues
30 De l'huile de coco, du musc[3] et du goudron.

Longtemps ! toujours ! ma main dans ta crinière lourde
Sèmera le rubis, la perle et le saphir,
Afin qu'à mon désir tu ne sois jamais sourde !
N'es-tu pas l'oasis où je rêve, et la gourde
35 Où je hume à longs traits le vin du souvenir ?

XXIV

Je t'adore à l'égal de la voûte nocturne,
Ô vase de tristesse, ô grande taciturne,
Et t'aime d'autant plus, belle, que tu me fuis,
Et que tu me parais, ornement de mes nuits,
5 Plus ironiquement accumuler les lieues
Qui séparent mes bras des immensités bleues.

Je m'avance à l'attaque, et je grimpe aux assauts,
Comme après un cadavre un chœur de vermisseaux,
Et je chéris, ô bête implacable et cruelle !
10 Jusqu'à cette froideur par où tu m'es plus belle !

---

1. **Embaumé** : momifié.
2. **Pavillon** : tente.
3. **Musc** : voir note 3, p. 52.

XXV

Tu mettrais l'univers entier dans ta ruelle[1],
Femme impure ! L'ennui rend ton âme cruelle.
Pour exercer tes dents à ce jeu singulier,
Il te faut chaque jour un cœur au râtelier[2].
5 Tes yeux, illuminés ainsi que des boutiques
Et des ifs[3] flamboyants dans les fêtes publiques,
Usent insolemment d'un pouvoir emprunté,
Sans connaître jamais la loi de leur beauté.

Machine aveugle et sourde, en cruautés féconde !
10 Salutaire instrument, buveur du sang du monde,
Comment n'as-tu pas honte et comment n'as-tu pas
Devant tous les miroirs vu pâlir tes appas[4] ?
La grandeur de ce mal où tu te crois savante
Ne t'a donc jamais fait reculer d'épouvante,
15 Quand la nature, grande en ses desseins cachés,
De toi se sert, ô femme, ô reine des péchés,
– De toi, vil animal, – pour pétrir un génie ?

Ô fangeuse grandeur ! sublime ignominie !

---

1. **Ruelle** : espace libre entre un lit et un mur, suffisamment vaste pour y recevoir de la compagnie (terme vieilli).
2. **Râtelier** : échelle accrochée horizontalement contre un mur pour recevoir le fourrage du bétail ou des chevaux.
3. **Ifs** : arbres décoratifs à fruits rouges.
4. **Appas** : voir note 4, p. 39.

XXVI

SED NON SATIATA[1]

Bizarre déité[2], brune comme les nuits,
Au parfum mélangé de musc[3] et de havane[4],
Œuvre de quelque obi[5], le Faust[6] de la savane,
Sorcière au flanc d'ébène, enfant des noirs minuits,

Baudelaire à la Négresse.
Peinture de Cesare Bacchi, école vénitienne, 1930.

1. **Sed non satiata** : « mais non rassasiée », emprunt au poète latin Juvénal (env. 60-130 ap. J.-C.), à propos de Messaline, impératrice romaine débauchée.
2. **Déité** : déesse.
3. **Musc** : voir note 3, p. 52.
4. **Havane** : cigare fabriqué avec du tabac de La Havane, capitale de Cuba.
5. **Obi** : sorcier africain.
6. **Faust** : alchimiste mythique qui vendit son âme au diable en échange de l'éternelle jeunesse.

5 Je préfère au constance[1], à l'opium, au nuits[2],
   L'élixir de ta bouche où l'amour se pavane ;
   Quand vers toi mes désirs partent en caravane[3],
   Tes yeux sont la citerne où boivent mes ennuis.

   Par ces deux grands yeux noirs, soupiraux[4] de ton âme,
10 Ô démon sans pitié ! verse-moi moins de flamme ;
   Je ne suis pas le Styx[5] pour t'embrasser[6] neuf fois,

   Hélas ! et je ne puis, Mégère[7] libertine[8],
   Pour briser ton courage et te mettre aux abois,
   Dans l'enfer de ton lit devenir Proserpine[9] !

XXVII

   Avec ses vêtements ondoyants et nacrés,
   Même quand elle marche on croirait qu'elle danse,
   Comme ces longs serpents que les jongleurs sacrés
   Au bout de leurs bâtons agitent en cadence.

5 Comme le sable morne et l'azur des déserts,
   Insensibles tous deux à l'humaine souffrance,
   Comme les longs réseaux de la houle des mers,
   Elle se développe avec indifférence.

---

1. **Constance** : vin du Cap, en Afrique du Sud.
2. **Nuits** : vin de Bourgogne.
3. **Caravane** : groupe de voyageurs dans le désert.
4. **Soupirail** : ouverture pratiquée au niveau du rez-de-chaussée d'un bâtiment et donnant sur la cave.
5. **Styx** : fleuve des Enfers dans la mythologie grecque.
6. **Embrasser** : entourer.
7. **Mégère** : une des trois Furies, divinités des Enfers chargées de punir les criminels.
8. **Libertine** : de mœurs légères, dissolues.
9. **Proserpine** : épouse d'Hadès, dieu des morts dans la mythologie grecque.

Ses yeux polis sont faits de minéraux charmants,
10 Et dans cette nature étrange et symbolique
Où l'ange inviolé se mêle au sphinx[1] antique,

Où tout n'est qu'or, acier, lumière et diamants,
Resplendit à jamais, comme un astre inutile,
La froide majesté de la femme stérile.

XXVIII

LE SERPENT QUI DANSE

Que j'aime voir, chère indolente,
De ton corps si beau,
Comme une étoffe vacillante,
Miroiter la peau !

5 Sur ta chevelure profonde
Aux âcres parfums,
Mer odorante et vagabonde
Aux flots bleus et bruns

Comme un navire qui s'éveille
10 Au vent du matin,
Mon âme rêveuse appareille
Pour un ciel lointain.

Tes yeux, où rien ne se révèle
De doux ni d'amer,
15 Sont deux bijoux froids où se mêle
L'or avec le fer.

---

1. **Sphinx** : voir note 1, p. 69.

À te voir marcher en cadence,
Belle d'abandon,
On dirait un serpent qui danse
20   Au bout d'un bâton.

Sous le fardeau de ta paresse
Ta tête d'enfant
Se balance avec la mollesse
D'un jeune éléphant,

25   Et ton corps se penche et s'allonge
Comme un fin vaisseau
Qui roule bord sur bord et plonge
Ses vergues[1] dans l'eau.

Comme un flot grossi par la fonte
30   Des glaciers grondants,
Quand l'eau de ta bouche remonte
Au bord de tes dents,

Je crois boire un vin de Bohême,
Amer et vainqueur,
35   Un ciel liquide qui parsème
D'étoiles mon cœur !

XXIX

UNE CHAROGNE

Rappelez-vous l'objet que nous vîmes, mon âme,
Ce beau matin d'été si doux :

---

1. **Vergues** : montants de bois fixés aux mâts d'un vaisseau et destinés à porter les voiles.

Au détour d'un sentier une charogne infâme
    Sur un lit semé de cailloux,

5 Les jambes en l'air, comme une femme lubrique,
    Brûlante et suant les poisons,
Ouvrait d'une façon nonchalante et cynique
    Son ventre plein d'exhalaisons[1].

    Le soleil rayonnait sur cette pourriture,
10   Comme afin de la cuire à point,
Et de rendre au centuple à la grande Nature
    Tout ce qu'ensemble elle avait joint ;

Et le ciel regardait la carcasse superbe
    Comme une fleur s'épanouir.
15 La puanteur était si forte, que sur l'herbe
    Vous crûtes vous évanouir.

Les mouches bourdonnaient sur ce ventre putride[2],
    D'où sortaient de noirs bataillons
De larves, qui coulaient comme un épais liquide
20   Le long de ces vivants haillons.

Tout cela descendait, montait comme une vague,
    Ou s'élançait en pétillant ;
On eût dit que le corps, enflé d'un souffle vague,
    Vivait en se multipliant.

25 Et ce monde rendait une étrange musique,
    Comme l'eau courante et le vent,

---

1. **Exhalaisons** : odeurs ou vapeurs qui se répandent.
2. **Putride** : en état de décomposition, de pourriture.

Ou le grain qu'un vanneur[1] d'un mouvement rythmique
    Agite et tourne dans son van[2].

Les formes s'effaçaient et n'étaient plus qu'un rêve,
30   Une ébauche lente à venir,
Sur la toile oubliée, et que l'artiste achève
    Seulement par le souvenir.

Derrière les rochers une chienne inquiète
    Nous regardait d'un œil fâché,
35 Épiant le moment de reprendre au squelette
    Le morceau qu'elle avait lâché.

– Et pourtant vous serez semblable à cette ordure,
    À cette horrible infection,
Étoile de mes yeux, soleil de ma nature,
40   Vous, mon ange et ma passion !

Oui ! telle vous serez, ô la reine des grâces,
    Après les derniers sacrements,
Quand vous irez, sous l'herbe et les floraisons[3] grasses,
    Moisir parmi les ossements.

45 Alors, ô ma beauté ! dites à la vermine
    Qui vous mangera de baisers,
Que j'ai gardé la forme et l'essence divine
    De mes amours décomposés !

---

1. **Vanneur :** personne qui secoue dans un van les grains récoltés pour les séparer de la poussière et des déchets.
2. **Van :** panier plat destiné à vanner les grains.
3. **Floraisons :** poussées de fleurs.

REPÈRES

• Sur le thème classique de la corruption naturelle de toute chose, opposée à l'éternité de l'art et de la poésie, Baudelaire compose ici un poème volontairement provocateur, utilisant des images de décomposition et de putréfaction.

OBSERVATION

• Étudiez le plan du poème. Quelle fonction peut-on donner au tiret au début de la dixième strophe ? En quoi les trois dernières strophes se distinguent-elles des précédentes ? Comment la transition se fait-elle ?
• Dans quelle mesure peut-on dire que ce poème relève de la poésie galante ?
• Quelle image de l'amour s'exprime à la deuxième strophe ?
• Les apostrophes à la femme aimée sont nombreuses. Relevez-les. Montrez l'effet de contraste entre ces apostrophes et les allusions à la charogne dans les trois dernières strophes.
• Relevez les termes par lesquels la scène est décrite. Peut-on parler de réalisme dans cette description ?
• Quelle conception de la nature se dégage de la troisième strophe ?
• Comment cette conception est-elle ensuite développée aux strophes 4, 5, 6 et 7 ? Sur quelles comparaisons repose-t-elle ? Quels rapports unissent, dans cette conception, la vie et la mort ?
• Analysez la métaphore par laquelle s'achève la transfiguration de la charogne à la strophe 8.
• Montrez comment la rédemption proposée par le poète aux deux derniers vers est préparée tout au long du poème.

INTERPRÉTATIONS

• En vous fondant sur les contrastes et les oppositions des images, du niveau de langue, du ton, montrez en quoi cette évocation de la putréfaction peut être interprétée comme une parodie.
• Montrez que cependant, le poème illustre un des aspects de la poétique baudelairienne, évoqué par le titre même des *Fleurs du mal*.

XXX

DE PROFUNDIS CLAMAVI[1]

J'implore ta pitié, Toi, l'unique que j'aime,
Du fond du gouffre obscur où mon cœur est tombé.
C'est un univers morne à l'horizon plombé,
Où nagent dans la nuit l'horreur et le blasphème ;

5 Un soleil sans chaleur plane au-dessus six mois,
Et les six autres mois la nuit couvre la terre ;
C'est un pays plus nu que la terre polaire ;
– Ni bêtes, ni ruisseaux, ni verdure, ni bois !

Or il n'est pas d'horreur au monde qui surpasse
10 La froide cruauté de ce soleil de glace
Et cette immense nuit semblable au vieux Chaos[2] ;

Je jalouse le sort des plus vils animaux
Qui peuvent se plonger dans un sommeil stupide,
Tant l'écheveau[3] du temps lentement se dévide !

XXXI

LE VAMPIRE

Toi qui, comme un coup de couteau,
Dans mon cœur plaintif es entrée ;

[handwritten annotations: Poète parle à n personne est l'esclave ; opposés toi+moi ; coup+plaintif]

---

1. **De Profundis clamavi** : « Des profondeurs, je crie... » (début d'un psaume de la liturgie catholique.)
2. **Chaos** : dieu de la mythologie gréco-latine, qui a donné naissance au Jour et à la Nuit.
3. **Écheveau** : assemblage de fils.

Toi qui, forte comme un troupeau
De démons, vins, folle et parée,

5   De mon esprit humilié
Faire ton lit et ton domaine ;
– Infâme à qui je suis lié
Comme le forçat à la chaîne,

10   Comme au jeu le joueur têtu,
Comme à la bouteille l'ivrogne,
Comme aux vermines la charogne,
– Maudite, maudite sois-tu !

J'ai prié le glaive rapide
De conquérir ma liberté,
15   Et j'ai dit au poison perfide
De secourir ma lâcheté.

Hélas ! le poison et le glaive
M'ont pris en dédain et m'ont dit :
« Tu n'es pas digne qu'on t'enlève
20   À ton esclavage maudit,

« Imbécile ! – de son empire
Si nos efforts te délivraient,
Tes baisers ressusciteraient
Le cadavre de ton vampire ! »

XXXII

Une nuit que j'étais près d'une affreuse Juive,
Comme au long d'un cadavre un cadavre étendu,
Je me pris à songer près de ce corps vendu
À la triste beauté dont mon désir se prive.

5 Je me représentai sa majesté native[1],
Son regard de vigueur et de grâces armé,
Ses cheveux qui lui font un casque parfumé,
Et dont le souvenir pour l'amour me ravive.

Car j'eusse avec ferveur baisé ton noble corps,
10 Et depuis tes pieds frais jusqu'à tes noires tresses
Déroulé le trésor des profondes caresses,

Si, quelque soir, d'un pleur obtenu sans effort
Tu pouvais seulement, ô reine des cruelles !
Obscurcir la splendeur de tes froides prunelles.

XXXIII

REMORDS POSTHUME

Lorsque tu dormiras, ma belle ténébreuse,
Au fond d'un monument construit en marbre noir,
Et lorsque tu n'auras pour alcôve et manoir
Qu'un caveau pluvieux et qu'une fosse creuse ;

5 Quand la pierre, opprimant ta poitrine peureuse
Et tes flancs qu'assouplit un charmant nonchaloir[2],
Empêchera ton cœur de battre et de vouloir,
Et tes pieds de courir leur course aventureuse,

Le tombeau, confident de mon rêve infini
10 (Car le tombeau toujours comprendra le poète),
Durant ces grandes nuits d'où le somme est banni,

---

1. **Native :** innée, qu'on possède de naissance.
2. **Nonchaloir :** nonchalance (vieilli).

Parfum exotique, *lithographie de Henri Matisse*
pour illustrer les Fleurs du mal, *1947.*
Bibliothèque nationale de France, Paris.

Te dira : « Que vous sert, courtisane[1] imparfaite,
De n'avoir pas connu ce que pleurent les morts ? »
– Et le ver rongera ta peau comme un remords.

XXXIV

LE CHAT

Viens, mon beau chat, sur mon cœur amoureux ;
    Retiens les griffes de ta patte,
Et laisse-moi plonger dans tes beaux yeux,
    Mêlés de métal et d'agate.

5 Lorsque mes doigts caressent à loisir
    Ta tête et ton dos élastique,
Et que ma main s'enivre du plaisir
    De palper ton corps électrique,

Je vois ma femme en esprit. Son regard,
10   Comme le tien, aimable bête,
Profond et froid, coupe et fend comme un dard,

    Et, des pieds jusques à la tête,
Un air subtil, un dangereux parfum
    Nagent autour de son corps brun.

---

1. **Courtisane** : femme de vertu légère.

XXXV

DUELLUM

Deux guerriers ont couru l'un sur l'autre ; leurs armes
Ont éclaboussé l'air de lueurs et de sang.
Ces jeux, ces cliquetis du fer sont les vacarmes
D'une jeunesse en proie à l'amour vagissant.

5 Les glaives sont brisés ! comme notre jeunesse,
Ma chère ! Mais les dents, les ongles acérés,
Vengent bientôt l'épée et la dague traîtresse.
Ô fureur des cœurs mûrs par l'amour ulcérés[1] !

Dans le ravin hanté des chats-pards[2] et des onces[3]
10 Nos héros, s'étreignant méchamment, ont roulé,
Et leur peau fleurira l'aridité des ronces.

– Ce gouffre, c'est l'enfer, de nos amis peuplé !
Roulons-y sans remords, amazone inhumaine,
Afin d'éterniser l'ardeur de notre haine !

XXXVI

LE BALCON

Mère des souvenirs, maîtresse des maîtresses,
Ô toi, tous mes plaisirs ! ô toi, tous mes devoirs !
Tu te rappelleras la beauté des caresses,

---

1. **Ulcérés :** qui subissent une plaie.
2. **Chat-pard :** animal sauvage proche du lynx.
3. **Once :** variété de panthère.

La douceur du foyer et le charme des soirs,
5   Mère des souvenirs, maîtresse des maîtresses !

Les soirs illuminés par l'ardeur du charbon,
Et les soirs au balcon, voilés de vapeurs roses.
Que ton sein m'était doux ! que ton cœur m'était bon !
Nous avons dit souvent d'impérissables choses
10 Les soirs illuminés par l'ardeur du charbon.

Que les soleils sont beaux dans les chaudes soirées !
Que l'espace est profond ! que le cœur est puissant !
En me penchant vers toi, reine des adorées,
Je croyais respirer le parfum de ton sang.
15 Que les soleils sont beaux dans les chaudes soirées !

La nuit s'épaississait ainsi qu'une cloison,
Et mes yeux dans le noir devinaient tes prunelles,
Et je buvais ton souffle, ô douceur ! ô poison !
Et tes pieds s'endormaient dans mes mains fraternelles.
20 La nuit s'épaississait ainsi qu'une cloison.

Je sais l'art d'évoquer les minutes heureuses,
Et revis mon passé blotti dans tes genoux.
Car à quoi bon chercher tes beautés langoureuses
Ailleurs qu'en ton cher corps et qu'en ton cœur si doux ?
25 Je sais l'art d'évoquer les minutes heureuses !

Ces serments, ces parfums, ces baisers infinis,
Renaîtront-ils d'un gouffre interdit à nos sondes,
Comme montent au ciel les soleils rajeunis
Après s'être lavés au fond des mers profondes ?
30 – Ô serments ! ô parfums ! ô baisers infinis !

XXXVII

LE POSSÉDÉ

Le soleil s'est couvert d'un crêpe[1]. Comme lui,
Ô Lune de ma vie ! emmitoufle-toi d'ombre ;
Dors ou fume à ton gré ; sois muette, sois sombre,
Et plonge tout entière au gouffre de l'Ennui ;

5 Je t'aime ainsi ! Pourtant, si tu veux aujourd'hui,
Comme un astre éclipsé qui sort de la pénombre,
Te pavaner aux lieux que la Folie encombre,
C'est bien ! Charmant poignard, jaillis de ton étui !

Allume ta prunelle à la flamme des lustres !
10 Allume le désir dans les regards des rustres !
Tout de toi m'est plaisir, morbide ou pétulant[2] ;

Sois ce que tu voudras, nuit noire, rouge aurore ;
Il n'est pas une fibre en tout mon corps tremblant
Qui ne crie : *Ô mon cher Belzébuth*[3], *je t'adore !*

---

1. **Crêpe** : voir note 1, p. 67.
2. **Pétulant** : plein d'énergie et de vivacité.
3. **Belzébuth** : autre nom de Satan.

XXXVIII
UN FANTÔME

I

LES TÉNÈBRES

Dans les caveaux d'insondable tristesse
Où le Destin m'a déjà relégué ;
Où jamais n'entre un rayon rose et gai ;
Où, seul avec la Nuit, maussade hôtesse,

5 Je suis comme un peintre qu'un Dieu moqueur
Condamne à peindre, hélas ! sur les ténèbres ;
Où, cuisinier aux appétits funèbres,
Je fais bouillir et je mange mon cœur,

Par instants brille, et s'allonge, et s'étale
10 Un spectre fait de grâce et de splendeur.
À sa rêveuse allure orientale,

Quand il atteint sa totale grandeur,
Je reconnais ma belle visiteuse :
C'est Elle ! noire et pourtant lumineuse.

II

LE PARFUM

Lecteur, as-tu quelquefois respiré
Avec ivresse et lente gourmandise

Ce grain d'encens qui remplit une église,
Ou d'un sachet le musc[1] invétéré[2] ?

5 Charme profond, magique, dont nous grise
Dans le présent le passé restauré !
Ainsi l'amant sur un corps adoré
Du souvenir cueille la fleur exquise.

De ses cheveux élastiques et lourds,
10 Vivant sachet, encensoir de l'alcôve,
Une senteur montait, sauvage et fauve,

Et des habits, mousseline ou velours,
Tout imprégnés de sa jeunesse pure,
Se dégageait un parfum de fourrure.

III

LE CADRE

Comme un beau cadre ajoute à la peinture,
Bien qu'elle soit d'un pinceau très vanté,
Je ne sais quoi d'étrange et d'enchanté
En l'isolant de l'immense nature,
5 Ainsi bijoux, meubles, métaux, dorure,
S'adaptaient juste à sa rare beauté ;
Rien n'offusquait sa parfaite clarté,
Et tout semblait lui servir de bordure.

Même on eût dit parfois qu'elle croyait
10 Que tout voulait l'aimer ; elle noyait
Sa nudité voluptueusement,

---

1. **Musc :** voir note 3, p. 52.
2. **Invétéré :** renforcé par le temps.

Dans les baisers du satin et du linge,
Et, lente ou brusque, à chaque mouvement
Montrait la grâce enfantine du singe.

IV

LE PORTRAIT

La Maladie et la Mort font des cendres
De tout le feu qui pour nous flamboya.
De ces grands yeux si fervents et si tendres,
De cette bouche où mon cœur se noya,

5 De ces baisers puissants comme un dictame[1],
De ces transports plus vifs que des rayons,
Que reste-t-il ? C'est affreux, ô mon âme !
Rien qu'un dessin fort pâle, aux trois crayons,

Qui, comme moi, meurt dans la solitude,
10 Et que le Temps, injurieux vieillard,
Chaque jour frotte avec son aile rude...

Noir assassin de la Vie et de l'Art,
Tu ne tueras jamais dans ma mémoire
Celle qui fut mon plaisir et ma gloire !

XXXIX

Je te donne ces vers afin que si mon nom
Aborde heureusement aux époques lointaines,

---

1. **Dictame :** plante odorante réputée soigner les blessures.

Et fait rêver un soir les cervelles humaines,
Vaisseau favorisé par un grand aquilon[1],

5 Ta mémoire, pareille aux fables incertaines,
Fatigue le lecteur ainsi qu'un tympanon[2],
Et par un fraternel et mystique chaînon
Reste comme pendue à mes rimes hautaines ;

Être maudit à qui, de l'abîme profond
10 Jusqu'au plus haut du ciel, rien, hors moi, ne répond !
– Ô toi qui, comme une ombre à la trace éphémère,

Foules d'un pied léger et d'un regard serein
Les stupides mortels qui t'ont jugée amère,
Statue aux yeux de jais[3], grand ange au front d'airain[4] !

XL

SEMPER EADEM[5]

« D'où vous vient, disiez-vous, cette tristesse étrange,
Montant comme la mer sur le roc noir et nu ? »
– Quand notre cœur a fait une fois sa vendange,
Vivre est un mal. C'est un secret de tous connu,

5 Une douleur très simple et non mystérieuse,
Et, comme votre joie, éclatante pour tous.
Cessez donc de chercher, ô belle curieuse !
Et, bien que votre voix soit douce, taisez-vous !

---

1. **Aquilon :** vent du Nord.
2. **Tympanon :** instrument de musique à cordes frappées.
3. **Jais :** pierre noire et brillante.
4. **Airain :** bronze (vieilli).
5. **Semper eadem :** toujours la même.

Taisez-vous, ignorante ! âme toujours ravie !
10 Bouche au rire enfantin ! Plus encor que la Vie,
La Mort nous tient souvent par des liens subtils.

Laissez, laissez mon cœur s'enivrer d'un *mensonge*,
Plonger dans vos beaux yeux comme dans un beau songe,
Et sommeiller longtemps à l'ombre de vos cils !

XLI

TOUT ENTIÈRE

Le Démon, dans ma chambre haute,
Ce matin est venu me voir,
Et, tâchant à me prendre en faute,
Me dit : « Je voudrais bien savoir,

5 « Parmi toutes les belles choses
Dont est fait son enchantement,
Parmi les objets noirs ou roses
Qui composent son corps charmant,

« Quel est le plus doux. » – Ô mon âme !
10 Tu répondis à l'Abhorré[1] :
« Puisqu'en Elle tout est dictame[2],
Rien ne peut être préféré.

« Lorsque tout me ravit, j'ignore
Si quelque chose me séduit.
15 Elle éblouit comme l'Aurore
Et console comme la Nuit ;

---

1. **Abhorré** : détesté.
2. **Dictame** : voir note 1, p. 96.

« Et l'harmonie est trop exquise,
Qui gouverne tout son beau corps,
Pour que l'impuissante analyse
20   En note les nombreux accords.

« Ô métamorphose mystique
De tous mes sens fondus en un !
Son haleine fait la musique,
Comme sa voix fait le parfum ! »

XLII

Que diras-tu ce soir, pauvre âme solitaire,
Que diras-tu, mon cœur, cœur autrefois flétri,
À la très belle, à la très bonne, à la très chère,
Dont le regard divin t'a soudain refleuri ?

5   – Nous mettrons notre orgueil à chanter ses louanges :
Rien ne vaut la douceur de son autorité ;
Sa chair spirituelle a le parfum des Anges,
Et son œil nous revêt d'un habit de clarté.

Que ce soit dans la nuit et dans la solitude,
10 Que ce soit dans la rue et dans la multitude,
Son fantôme dans l'air danse comme un flambeau.

Parfois il parle et dit : « Je suis belle, et j'ordonne
Que pour l'amour de moi vous n'aimiez que le Beau ;
Je suis l'Ange gardien[1], la Muse[2] et la Madone[3]. »

---

1. **Ange gardien** : ange protecteur.
2. **Muse** : l'une des neufs divinités protectrices des arts, ici la poésie.
3. **Madone** : de l'italien *ma donna*, ma dame, nom donné à la vierge Marie.

XLIII

LE FLAMBEAU VIVANT

Ils marchent devant moi, ces Yeux pleins de lumières,
Qu'un Ange très savant a sans doute aimantés ;
Ils marchent, ces divins frères qui sont mes frères,
Secouant dans mes yeux leurs feux diamantés.

5 Me sauvant de tout piège et de tout péché grave,
Ils conduisent mes pas dans la route du Beau ;
Ils sont mes serviteurs et je suis leur esclave ;
Tout mon être obéit à ce vivant flambeau.

Charmants Yeux, vous brillez de la clarté mystique
10 Qu'ont les cierges brûlant en plein jour ; le soleil
Rougit, mais n'éteint pas leur flamme fantastique ;

Ils célèbrent la Mort, vous chantez le Réveil ;
Vous marchez en chantant le réveil de mon âme,
Astres dont nul soleil ne peut flétrir la flamme !

XLIV

RÉVERSIBILITÉ

Ange plein de gaieté, connaissez-vous l'angoisse,
La honte, les remords, les sanglots, les ennuis,
Et les vagues terreurs de ces affreuses nuits
Qui compriment le cœur comme un papier qu'on froisse ?
5 Ange plein de gaieté, connaissez-vous l'angoisse ?

Ange plein de bonté, connaissez-vous la haine,
Les poings crispés dans l'ombre et les larmes de fiel,

Quand la Vengeance bat son infernal rappel,
Et de nos facultés se fait le capitaine ?
10 Ange plein de bonté, connaissez-vous la haine ?

Ange plein de santé, connaissez-vous les Fièvres,
Qui, le long des grands murs de l'hospice blafard,
Comme des exilés, s'en vont d'un pied traînard,
Cherchant le soleil rare et remuant les lèvres ?
15 Ange plein de santé, connaissez-vous les Fièvres ?

Ange plein de beauté, connaissez-vous les rides,
Et la peur de vieillir, et ce hideux tourment
De lire la secrète horreur du dévouement
Dans des yeux où longtemps burent nos yeux avides ?
20 Ange plein de beauté, connaissez-vous les rides ?

Ange plein de bonheur, de joie et de lumières,
David[1] mourant aurait demandé la santé
Aux émanations[2] de ton corps enchanté ;
Mais de toi je n'implore, ange, que tes prières,
25 Ange plein de bonheur, de joie et de lumières !

XLV

CONFESSION

Une fois, une seule, aimable et douce femme,
    À mon bras votre bras poli
S'appuya (sur le fond ténébreux de mon âme
    Ce souvenir n'est point pâli) ;

---

1. **David** : roi des Hébreux à qui ses serviteurs auraient amené une jeune vierge pour le réchauffer (Bible, livre des Rois).
2. **Émanations** : émissions imperceptibles de particules ou d'odeurs qui se dégagent d'un corps.

REPÈRES

• D'abord adressé, le 3 mai 1853, à Apollonie Sabatier, ce poème place la femme en position de médiatrice qui peut sauver la poète de sa souffrance, de son spleen.

OBSERVATION

• Quel est le sens exact du titre ?
• Relevez les anaphores.
• Repérez, surtout dans les quatre premières strophes, tout ce qui relève de la répétition et montrez par là que ce poème est proche d'une litanie.
• En quoi la syntaxe de la dernière strophe marque-t-elle une rupture avec les quatre précédentes ? Par quels autres traits cette dernière strophe se distingue-t-elle ? Quelle est sa fonction dans le poème ?

INTERPRÉTATIONS

• En quoi peut-on parler d'inspiration religieuse dans ce poème ?
• Quelles sont les caractéristiques de la femme aimée ? Quel rôle le poète lui fait-il jouer ?

5 Il était tard ; ainsi qu'une médaille neuve
    La pleine lune s'étalait,
Et la solennité de la nuit, comme un fleuve,
    Sur Paris dormant ruisselait.

Et le long des maisons, sous les portes cochères,
10   Des chats passaient furtivement,
L'oreille au guet, ou bien, comme des ombres chères,
    Nous accompagnaient lentement.

Tout à coup, au milieu de l'intimité libre
    Éclose à la pâle clarté,
15 De vous, riche et sonore instrument où ne vibre
    Que la radieuse gaieté,

De vous, claire et joyeuse ainsi qu'une fanfare
    Dans le matin étincelant,
Une note plaintive, une note bizarre
20   S'échappa, tout en chancelant

Comme une enfant chétive, horrible, sombre, immonde,
    Dont sa famille rougirait,
Et qu'elle aurait longtemps, pour la cacher au monde,
    Dans un caveau mise au secret.

25 Pauvre ange, elle chantait, votre note criarde[1] :
    « Que rien ici-bas n'est certain,
Et que toujours, avec quelque soin qu'il se farde,
    Se trahit l'égoïsme humain ;

« Que c'est un dur métier que d'être belle femme,
30   Et que c'est le travail banal

---

1. **Criarde** : aiguë, désagréable.

De la danseuse folle et froide qui se pâme
    Dans un sourire machinal ;

« Que bâtir sur les cœurs est une chose sotte ;
    Que tout craque, amour et beauté,
35 Jusqu'à ce que l'Oubli les jette dans sa hotte
    Pour les rendre à l'Éternité ! »

J'ai souvent évoqué cette lune enchantée,
    Ce silence et cette langueur,
Et cette confidence horrible chuchotée
40   Au confessionnal[1] du cœur.

XLVI

L'AUBE SPIRITUELLE

Quand chez les débauchés l'aube blanche et vermeille[2]
Entre en société[3] de l'Idéal rongeur,
Par l'opération d'un mystère vengeur
Dans la brute assoupie un ange se réveille.

5 Des Cieux Spirituels l'inaccessible azur,
Pour l'homme terrassé qui rêve encore et souffre,
S'ouvre et s'enfonce avec l'attirance du gouffre.
Ainsi, chère Déesse, Être lucide[4] et pur,

Sur les débris fumeux des stupides orgies
10 Ton souvenir plus clair, plus rose, plus charmant,
À mes yeux agrandis voltige incessamment.

---

1. **Confessionnal** : espace réduit où le confesseur écoute le pénitent.
2. **Vermeille** : d'un rouge léger et éclatant.
3. **En société** : en compagnie (vieilli).
4. **Lucide** : lumineux (vieilli).

Le soleil a noirci la flamme des bougies ;
Ainsi, toujours vainqueur, ton fantôme est pareil,
Âme resplendissante, à l'immortel soleil !

XLVII

HARMONIE DU SOIR

Voici venir les temps où vibrant sur sa tige
Chaque fleur s'évapore ainsi qu'un encensoir[1] ;
Les sons et les parfums tournent dans l'air du soir ;
Valse mélancolique et langoureux vertige !

5 Chaque fleur s'évapore ainsi qu'un encensoir ;
Le violon frémit comme un cœur qu'on afflige[2] ;
Valse mélancolique et langoureux vertige !
Le ciel est triste et beau comme un grand reposoir[3].

Le violon frémit comme un cœur qu'on afflige,
10 Un cœur tendre, qui hait le néant vaste et noir !
Le ciel est triste et beau comme un grand reposoir ;
Le soleil s'est noyé dans son sang qui se fige.

Un cœur tendre, qui hait le néant vaste et noir,
Du passé lumineux recueille tout vestige !
15 Le soleil s'est noyé dans son sang qui se fige...
Ton souvenir en moi luit comme un ostensoir[4] !

---

1. **Encensoir** : voir note 6, p. 58.
2. **Affliger** : frapper durement.
3. **Reposoir** : autel sur lequel repose le Saint Sacrement.
4. **Ostensoir** : pièce d'orfèvrerie contenant l'hostie consacrée.

XLVIII

LE FLACON

Il est de forts parfums pour qui toute matière
Est poreuse. On dirait qu'ils pénètrent le verre.
En ouvrant un coffret venu de l'Orient
Dont la serrure grince et rechigne en criant,

5 Ou dans une maison déserte quelque armoire
Pleine de l'âcre[1] odeur des temps, poudreuse et noire,
Parfois on trouve un vieux flacon qui se souvient,
D'où jaillit toute vive une âme qui revient.

Mille pensers[2] dormaient, chrysalides[3] funèbres,
10 Frémissant doucement dans les lourdes ténèbres,
Qui dégagent leur aile et prennent leur essor,
Teintés d'azur, glacés de rose, lamés[4] d'or.

Voilà le souvenir enivrant qui voltige
Dans l'air troublé ; les yeux se ferment ; le Vertige
15 Saisit l'âme vaincue et la pousse à deux mains
Vers un gouffre obscurci de miasmes[5] humains ;

Il la terrasse au bord d'un gouffre séculaire[6],
Où, Lazare[7] odorant déchirant son suaire[8],

---

1. **Âcre** : irritant pour le goût ou l'odorat.
2. **Pensers** : voir note 1, p. 52.
3. **Chrysalide** : enveloppe d'une chenille avant qu'elle ne devienne papillon.
4. **Lamés** : se dit des tissus où sont mêlés des fils d'or ou d'argent.
5. **Miasme** : émanation de substances en putréfaction et malodorantes.
6. **Séculaire** : qui date de plusieurs siècles.
7. **Lazare** : frère de Marie ressuscité par Jésus à Pâques.
8. **Suaire** : voir note 2, p. 56.

Se meut dans son réveil le cadavre spectral
20 D'un vieil amour ranci, charmant et sépulcral[1].

Ainsi, quand je serai perdu dans la mémoire
Des hommes, dans le coin d'une sinistre armoire
Quand on m'aura jeté, vieux flacon désolé,
Décrépit, poudreux, sale, abject, visqueux, fêlé,

25 Je serai ton cercueil, aimable pestilence[2] !
Le témoin de ta force et de ta virulence[3],
Cher poison préparé par les anges ! liqueur
Qui me ronge, ô la vie et la mort de mon cœur !

XLIX

LE POISON

Le vin sait revêtir le plus sordide bouge[4]
　　D'un luxe miraculeux,
Et fait surgir plus d'un portique[5] fabuleux
　　Dans l'or de sa vapeur rouge,
5 Comme un soleil couchant dans un ciel nébuleux[6].

L'opium agrandit ce qui n'a pas de bornes,
　　Allonge l'illimité,
Approfondit le temps, creuse la volupté,
　　Et de plaisirs noirs et mornes
10 Remplit l'âme au-delà de sa capacité.

---

1. **Sépulcral :** qui évoque la mort, le tombeau.
2. **Pestilence :** puanteur morbide.
3. **Virulence :** violence (se dit en particulier des infections).
4. **Bouge :** lieu misérable, sordide.
5. **Portique :** galerie soutenue par des colonnes.
6. **Nébuleux :** nuageux.

Tout cela ne vaut pas le poison qui découle
    De tes yeux, de tes yeux verts,
Lacs où mon âme tremble et se voit à l'envers...
    Mes songes viennent en foule
15 Pour se désaltérer à ces gouffres amers.

Tout cela ne vaut pas le terrible prodige
    De ta salive qui mord,
Qui plonge dans l'oubli mon âme sans remords,
    Et, charriant[1] le vertige,
20 La route défaillante aux rives de la mort !

L

CIEL BROUILLÉ

On dirait ton regard d'une vapeur couvert ;
Ton œil mystérieux (est-il bleu, gris ou vert ?)
Alternativement tendre, rêveur, cruel,
Réfléchit l'indolence et la pâleur du ciel.

5 Tu rappelles ces jours blancs, tièdes et voilés,
Qui font se fondre en pleurs les cœurs ensorcelés,
Quand, agités d'un mal inconnu qui les tord,
Les nerfs trop éveillés raillent l'esprit qui dort.

Tu ressembles parfois à ces beaux horizons
10 Qu'allument les soleils des brumeuses saisons...
Comme tu resplendis, paysage mouillé
Qu'enflamment les rayons tombant d'un ciel brouillé !

---

1. **Charriant** : transportant, déversant.

Ô femme dangereuse, ô séduisants climats !
Adorerai-je aussi ta neige et vos frimas[1],
15 Et saurai-je tirer de l'implacable hiver
Des plaisirs plus aigus que la glace et le fer ?

LI

LE CHAT

I

Dans ma cervelle se promène,
Ainsi qu'en son appartement,
Un beau chat, fort, doux et charmant.
Quand il miaule, on l'entend à peine,

5 Tant son timbre est tendre et discret ;
Mais que sa voix s'apaise ou gronde,
Elle est toujours riche et profonde.
C'est là son charme et son secret.

Cette voix, qui perle et qui filtre
10 Dans mon fonds le plus ténébreux,
Me remplit comme un vers nombreux
Et me réjouit comme un philtre.

Elle endort les plus cruels maux
Et contient toutes les extases ;
15 Pour dire les plus longues phrases,
Elle n'a pas besoin de mots.

---

1. **Frimas** : brouillard glacé, givre.

Non, il n'est pas d'archet qui morde
Sur mon cœur, parfait instrument,
Et fasse plus royalement
20 Chanter sa plus vibrante corde,

Que ta voix, chat mystérieux,
Chat séraphique[1], chat étrange,
En qui tout est, comme en un ange,
Aussi subtil qu'harmonieux !

II

25 De sa fourrure blonde et brune
Sort un parfum si doux, qu'un soir
J'en fus embaumé, pour l'avoir
Caressée une fois, rien qu'une.

C'est l'esprit familier du lieu ;
30 Il juge, il préside, il inspire
Toutes choses dans son empire ;
Peut-être est-il fée, est-il dieu ?

Quand mes yeux, vers ce chat que j'aime
Tirés comme par un aimant,
35 Se retournent docilement
Et que je regarde en moi-même,

Je vois avec étonnement
Le feu de ses prunelles pâles,

---

1. **Séraphique** : angélique (les Séraphins sont au premier rang de la hiérarchie des anges).

Clairs fanaux[1], vivantes opales[2],
40   Qui me contemplent fixement.

LII

LE BEAU NAVIRE

Je veux te raconter, ô molle enchanteresse !
Les diverses beautés qui parent ta jeunesse ;
      Je veux te peindre ta beauté,
Où l'enfance s'allie à la maturité.

5 Quand tu vas balayant l'air de ta jupe large,
Tu fais l'effet d'un beau vaisseau qui prend le large,
      Chargé de toile, et va roulant
Suivant un rythme doux, et paresseux, et lent.

Sur ton cou large et rond, sur tes épaules grasses,
10 Ta tête se pavane avec d'étranges grâces ;
      D'un air placide et triomphant
Tu passes ton chemin, majestueuse enfant.

Je veux te raconter, ô molle enchanteresse !
Les diverses beautés qui parent ta jeunesse ;
15   Je veux te peindre ta beauté,
Où l'enfance s'allie à la maturité.

Ta gorge qui s'avance et qui pousse la moire[3],
Ta gorge triomphante est une belle armoire

---

1. **Fanaux** : grosses lanternes, phares.
2. **Opale** : pierre précieuse.
3. **Moire** : voir note 2, p. 76.

Dont les panneaux bombés et clairs
20 Comme les boucliers accrochent des éclairs ;

Boucliers provocants, armés de pointes roses !
Armoire à doux secrets, pleine de bonnes choses,
   De vins, de parfums, de liqueurs
Qui feraient délirer les cerveaux et les cœurs !

25 Quand tu vas balayant l'air de ta jupe large,
Tu fais l'effet d'un beau vaisseau qui prend le large,
   Chargé de toile, et va roulant
Suivant un rythme doux, et paresseux, et lent.

Tes nobles jambes, sous les volants qu'elles chassent,
30 Tourmentent les désirs obscurs et les agacent,
   Comme deux sorcières qui font
Tourner un philtre noir dans un vase profond.

Tes bras, qui se joueraient des précoces hercules,
Sont des boas luisants les solides émules[1],
35   Faits pour serrer obstinément,
Comme pour l'imprimer dans ton cœur, ton amant.

Sur ton cou large et rond, sur tes épaules grasses,
Ta tête se pavane avec d'étranges grâces ;
   D'un air placide et triomphant
40 Tu passes ton chemin, majestueuse enfant.

---

1. **Émules :** rivaux.

REPÈRES

• Alors que « Ciel brouillé » et « L'Invitation au voyage » établissent un parallèle entre la femme et un paysage, c'est ici à un navire que Baudelaire la compare, en développant une description qui n'est pas sans rappeler la manière des poètes de la Renaissance.

OBSERVATION

• Analysez la structure du poème. Sur quel procédé est-elle fondée ?
• En quoi peut-on parler ici d'un portrait ? Comment ce portrait est-il composé ?
• La femme est présentée, tout au long du poème, comme un navire. Quel est le nom de cette figure ? Analysez ses éléments constitutifs.
• Étudiez en détail le rythme des deux premières strophes. Quelles sont leurs différences ?
• Repérez les différents enjambements (rejets, contre-rejets) présents dans le poème. Quel est l'effet produit ?
• Quel effet global résulte des observations que vous avez pu faire aux deux questions précédentes ? En quoi cet effet correspond-il au titre du poème ?
• Par quels procédés le *je* du poète est-il mis en valeur dans le poème ? Quel rôle joue-t-il ?

INTERPRÉTATIONS

• Ce poème précède immédiatement « L'Invitation au voyage ». Quels rapprochements (structure, rythme, thèmes, tonalité) peut-on faire entre ces deux poèmes ?
• Expliquez pourquoi la tonalité générale du poème est celle de la douceur et de l'apaisement ? En quoi la femme décrite comporte-t-elle cependant une menace ?

LIII

L'INVITATION AU VOYAGE

Mon enfant, ma sœur,
Songe à la douceur
D'aller là-bas vivre ensemble !
Aimer à loisir,
5   Aimer et mourir
Au pays qui te ressemble !
Les soleils mouillés
De ces ciels brouillés
Pour mon esprit ont les charmes
10   Si mystérieux
De tes traîtres yeux,
Brillant à travers leurs larmes.

Là, tout n'est qu'ordre et beauté,
Luxe, calme et volupté.
15   Des meubles luisants,
Polis par les ans,
Décoreraient notre chambre ;
Les plus rares fleurs
Mêlant leurs odeurs
20   Aux vagues senteurs de l'ambre[1],
Les riches plafonds,
Les miroirs profonds,
La splendeur orientale,
Tout y parlerait
25   À l'âme en secret
Sa douce langue natale.

---

1. **Ambre** : voir note 2, p. 52.

Là, tout n'est qu'ordre et beauté,
Luxe, calme et volupté.

Vois sur ces canaux
30 Dormir ces vaisseaux
Dont l'humeur est vagabonde ;
C'est pour assouvir
Ton moindre désir
Qu'ils viennent du bout du monde.
35   — Les soleils couchants
Revêtent les champs,
Les canaux, la ville entière,
D'hyacinthe[1] et d'or ;
Le monde s'endort
40 Dans une chaude lumière.

Là, tout n'est qu'ordre et beauté,
Luxe, calme et volupté.

LIV

L'IRRÉPARABLE

Pouvons-nous étouffer le vieux, le long Remords,
    Qui vit, s'agite et se tortille,
Et se nourrit de nous comme le ver des morts,
    Comme du chêne la chenille ?
5 Pouvons-nous étouffer l'implacable Remords ?
Dans quel philtre, dans quel vin, dans quelle tisane,
    Noierons-nous ce vieil ennemi,
Destructeur et gourmand comme la courtisane

---

1. **Hyacinthe** : couleur située entre le bleu et le violet.

REPÈRES

• Ce poème extrêmement célèbre contraste avec l'ensemble du recueil. Sa douceur lumineuse, l'absence de douleur et de spleen en font un moment rare et préservé dans le parcours du recueil, même s'il n'est pas exempt d'une certaine tristesse nostalgique.

OBSERVATION

• Quelle est l'organisation strophique du poème ? Quel nom peut-on donner au distique, deux fois répété ?
• Analysez la structure de la première strophe, les rimes et le rythme. En quoi s'oppose-t-elle à celle du distique ?
• L'emploi de mètres impairs est-il fréquent chez Baudelaire ? Quel effet produit-il ?
• Étudiez les modes et les temps du poème dans la première strophe. Sont-ils différents dans la seconde et dans la troisième strophe ? Déduisez-en le mouvement du poème.
• Quelles sont la valeur et la signification des adverbes « là-bas » (vers 3), « Là » (vers 13, 27 et 41), et du démonstratif « ces » (vers 8, 29 et 30) ?
• Étudiez la description dans chacune des trois strophes. En quoi les lieux décrits diffèrent-ils ?
• En quoi peut-on rapprocher ces descriptions de tableaux ? La vue est-elle le seul sens sollicité dans le poème ?
• Quelle est la tonalité de ces descriptions ? Quel sentiment évoquent-elles ?
• Par quels moyens le thème du sommeil est-il évoqué ? Sur quoi débouche-t-il ?

INTERPRÉTATIONS

• Décrivez et analysez le rapport particulier qui s'établit entre le *je* poétique et la destinataire à qui il s'adresse.
• Quelle est la valeur symbolique du voyage auquel celle-ci est invitée ?

Patient comme la fourmi ?
10 Dans quel philtre ? – dans quel vin ? – dans quelle tisane ?

Dis-le, belle sorcière, oh ! dis, si tu le sais,
    À cet esprit comblé d'angoisse
Et pareil au mourant qu'écrasent les blessés,
    Que le sabot du cheval froisse,
15 Dis-le, belle sorcière, oh ! dis, si tu le sais,

À cet agonisant que le loup déjà flaire
    Et que surveille le corbeau,
À ce soldat brisé ! s'il faut qu'il désespère
    D'avoir sa croix et son tombeau ;
20 Ce pauvre agonisant que déjà le loup flaire !

Peut-on illuminer un ciel bourbeux et noir ?
    Peut-on déchirer des ténèbres
Plus denses que la poix[1], sans matin et sans soir,
    Sans astres, sans éclairs funèbres ?
25 Peut-on illuminer un ciel bourbeux et noir ?

L'Espérance qui brille aux carreaux de l'Auberge
    Est soufflée, est morte à jamais !
Sans lune et sans rayons, trouver où l'on héberge
    Les martyrs d'un chemin mauvais !
30 Le Diable a tout éteint aux carreaux de l'Auberge !

Adorable sorcière, aimes-tu les damnés ?
    Dis, connais-tu l'irrémissible[2] ?
Connais-tu le Remords, aux traits empoisonnés,
    À qui notre cœur sert de cible ?
35 Adorable sorcière, aimes-tu les damnés ?

---

1. **Poix** : sorte de goudron.
2. **Irrémissible** : qui ne peut être pardonné.

L'Irréparable ronge avec sa dent maudite
    Notre âme, piteux monument,
Et souvent il attaque, ainsi que le termite,
    Par la base le bâtiment.
40 L'Irréparable ronge avec sa dent maudite !

  – J'ai vu parfois, au fond d'un théâtre banal
    Qu'enflammait l'orchestre sonore,
Une fée allumer dans un ciel infernal
    Une miraculeuse aurore ;
45 J'ai vu parfois au fond d'un théâtre banal

Un être, qui n'était que lumière, or et gaze[1],
    Terrasser l'énorme Satan ;
Mais mon cœur, que jamais ne visite l'extase,
    Est un théâtre où l'on attend
50 Toujours, toujours en vain, l'Être aux ailes de gaze !

LV

CAUSERIE

Vous êtes un beau ciel d'automne, clair et rose !
Mais la tristesse en moi monte comme la mer,
Et laisse, en refluant, sur ma lèvre morose
Le souvenir cuisant de son limon[2] amer.

5 – Ta main se glisse en vain sur mon sein qui se pâme ;
Ce qu'elle cherche, amie, est un lieu saccagé
Par la griffe et la dent féroce de la femme.
Ne cherchez plus mon cœur ; les bêtes l'ont mangé.

---

1. **Gaze** : étoffe légère comme un voile.
2. **Limon** : particules fertiles qui se déposent sur le lit des fleuves.

Mon cœur est un palais flétri par la cohue ;
10   On s'y soûle, on s'y tue, on s'y prend aux cheveux !
— Un parfum nage autour de votre gorge nue !...

Ô Beauté, dur fléau des âmes, tu le veux !
Avec tes yeux de feu, brillants comme des fêtes,
Calcine ces lambeaux qu'ont épargnés les bêtes !

LVI

CHANT D'AUTOMNE

I

Bientôt nous plongerons dans les froides ténèbres ;
Adieu, vive clarté de nos étés trop courts !
J'entends déjà tomber avec des chocs funèbres
Le bois retentissant sur le pavé des cours.

5   Tout l'hiver va rentrer dans mon être : colère,
Haine, frissons, horreur, labeur dur et forcé,
Et, comme le soleil dans son enfer polaire,
Mon cœur ne sera plus qu'un bloc rouge et glacé.

J'écoute en frémissant chaque bûche qui tombe ;
10   L'échafaud qu'on bâtit n'a pas d'écho plus sourd.
Mon esprit est pareil à la tour qui succombe
Sous les coups du bélier infatigable et lourd.

Il me semble, bercé par ce choc monotone,
Qu'on cloue en grande hâte un cercueil quelque part.
15   Pour qui ? – C'était hier l'été ; voici l'automne !
Ce bruit mystérieux sonne comme un départ.

II

J'aime de vos longs yeux la lumière verdâtre,
Douce beauté, mais tout aujourd'hui m'est amer,
Et rien, ni votre amour, ni le boudoir, ni l'âtre,
20 Ne me vaut le soleil rayonnant sur la mer.

Et pourtant aimez-moi, tendre cœur ! soyez mère,
Même pour un ingrat, même pour un méchant ;
Amante ou sœur, soyez la douceur éphémère
D'un glorieux automne ou d'un soleil couchant.

25 Courte tâche ! La tombe attend ; elle est avide !
Ah ! laissez-moi, mon front posé sur vos genoux,
Goûter, en regrettant l'été blanc et torride,
De l'arrière-saison le rayon jaune et doux !

LVII

À UNE MADONE[1]

EX-VOTO[2] DANS LE GOÛT ESPAGNOL

Je veux bâtir pour toi, Madone, ma maîtresse,
Un autel souterrain au fond de ma détresse,
Et creuser dans le coin le plus noir de mon cœur,
Loin du désir mondain et du regard moqueur,
5 Une niche, d'azur et d'or tout émaillée,
Où tu te dresseras, Statue émerveillée.
Avec mes Vers polis, treillis d'un pur métal

---

1. **Madone :** voir note 3, p. 99.
2. **Ex-voto :** plaque sur laquelle on grave un remerciement pour un vœu exaucé.

Savamment constellé de rimes de cristal,
Je ferai pour ta tête une énorme Couronne ;
10 Et dans ma Jalousie, ô mortelle Madone,
Je saurai te tailler un Manteau, de façon
Barbare, roide et lourd, et doublé de soupçon,
Qui, comme une guérite[1], enfermera tes charmes ;
Non de Perles brodé, mais de toutes mes Larmes !
15 Ta Robe, ce sera mon Désir, frémissant,
Onduleux, mon Désir qui monte et qui descend,
Aux pointes se balance, aux vallons se repose,
Et revêt d'un baiser tout ton corps blanc et rose.
Je te ferai de mon Respect de beaux Souliers
20 De satin, par tes pieds divins humiliés,
Qui, les emprisonnant dans une molle étreinte,
Comme un moule fidèle en garderont l'empreinte.
Si je ne puis, malgré tout mon art diligent,
Pour Marchepied tailler une Lune d'argent,
25 Je mettrai le Serpent qui me mord les entrailles
Sous tes talons, afin que tu foules et railles,
Reine victorieuse et féconde en rachats,
Ce monstre tout gonflé de haine et de crachats.
Tu verras mes Pensers, rangés comme les Cierges
30 Devant l'autel fleuri de la Reine des Vierges,
Étoilant de reflets le plafond peint en bleu,
Te regarder toujours avec des yeux de feu ;
Et comme tout en moi te chérit et t'admire,
Tout se fera Benjoin[2], Encens, Oliban[3], Myrrhe[4],
35 Et sans cesse vers toi, sommet blanc et neigeux,
En Vapeurs montera mon Esprit orageux.

---

1. **Guérite** : abri destiné aux sentinelles.
2. **Benjoin** : voir note 4, p. 52.
3. **Oliban** : encens.
4. **Myrrhe** : voir note 5, p. 44.

Enfin, pour compléter ton rôle de Marie,
Et pour mêler l'amour avec la barbarie,
Volupté noire ! des sept Péchés capitaux,
40 Bourreau plein de remords, je ferai sept Couteaux
Bien affilés, et, comme un jongleur insensible,
Prenant le plus profond de ton amour pour cible,
Je les planterai tous dans ton Cœur pantelant,
Dans ton Cœur sanglotant, dans ton Cœur ruisselant !

LVIII

CHANSON D'APRÈS-MIDI

Quoique tes sourcils méchants
Te donnent un air étrange
Qui n'est pas celui d'un ange,
Sorcière aux yeux alléchants,

5 Je t'adore, ô ma frivole,
Ma terrible passion !
Avec la dévotion
Du prêtre pour son idole.

Le désert et la forêt
10 Embaument tes tresses rudes,
Ta tête a les attitudes
De l'énigme et du secret.

Sur ta chair le parfum rôde
Comme autour d'un encensoir[1] ;

---

1. **Encensoir** : voir note 6, p. 58.

15 Tu charmes comme le soir,
   Nymphe[1] ténébreuse et chaude.

   Ah ! les philtres les plus forts
   Ne valent pas ta paresse,
   Et tu connais la caresse
20 Qui fait revivre les morts !

   Tes hanches sont amoureuses
   De ton dos et de tes seins,
   Et tu ravis les coussins
   Par tes poses langoureuses.

25 Quelquefois, pour apaiser
   Ta rage mystérieuse,
   Tu prodigues, sérieuse,
   La morsure et le baiser ;

   Tu me déchires, ma brune,
30 Avec un rire moqueur,
   Et puis tu mets sur mon cœur
   Ton œil doux comme la lune.

   Sous tes souliers de satin,
   Sous tes charmants pieds de soie,
35 Moi, je mets ma grande joie,
   Mon génie et mon destin,

   Mon âme par toi guérie,
   Par toi, lumière et couleur !
   Explosion de chaleur
40 Dans ma noire Sibérie !

---

1. **Nymphe** : dans la mythologie grecque, déesse des fleuves et des rivières.

LIX

SISINA[1]

Imaginez Diane[2] en galant équipage,
Parcourant les forêts ou battant les halliers[3],
Cheveux et gorge au vent, s'enivrant de tapage,
Superbe et défiant les meilleurs cavaliers !

5 Avez-vous vu Théroigne[4], amante du carnage,
Excitant à l'assaut un peuple sans souliers,
La joue et l'œil en feu, jouant son personnage,
Et montant, sabre au poing, les royaux escaliers ?

Telle la Sisina ! Mais la douce guerrière
10 A l'âme charitable autant que meurtrière ;
Son courage, affolé de poudre et de tambours,

Devant les suppliants sait mettre bas les armes,
Et son cœur, ravagé par la flamme, a toujours,
Pour qui s'en montre digne, un réservoir de larmes.

---

1. **Sisina** : surnom d'une amie de Mme Sabatier dont Baudelaire était amoureux.
2. **Diane** : dans la mythologie romaine, déesse de la chasse.
3. **Halliers** : buissons très denses et touffus.
4. **Théroigne** : Théroigne de Méricourt (1762-1817), révolutionnaire qui s'est distinguée lors de la prise de la Bastille et des Tuileries, surnommée « l'Amazone de la liberté ».

LX

FRANCISCÆ MEÆ LAUDES[1]

Novis te cantabo chordis,
O novelletum quod ludis
In solitudine cordis.

Esto sertis implicata,
5 O femina delicata
Per quam solvuntur peccata !

Sicut beneficum Lethe,
Hauriam oscula de te,
Quæ imbuta es magnete.

10 Quum vitiorum tempestas
Turbabat omnes semitas,
Apparuisti, Deitas,

Velut stella salutaris
In naufragiis amaris...
15 Suspendam cor tuis aris !

Piscina plena virtutis,
Fons æternæ juventutis,
Labris vocem redde mutis !

Quod erat spurcum, cremasti ;
20 Quod rudius, exæquasti ;
Quod debile, confirmasti.

---

1. Traduction de Jules Mouquet, page suivante.

In fame mea taberna,
In nocte mea lucerna,
Recte me semper guberna.

25 Adde nunc vires viribus,
Dulce balneum suavibus
Unguentatum odoribus !

Meos circa lumbos mica,
O castitatis lorica,
30 Aqua tincta seraphica ;

Patera gemmis corusca,
Panis salsus, mollis esca,
Divinum vinum, Francisca !

LOUANGES DE MA FRANÇOISE

Je te chanterai sur des cordes nouvelles,
Ô ma bichette qui te joues
Dans la solitude de mon cœur.

Sois parée de guirlandes,
5 Ô femme délicieuse
Par qui les péchés sont remis.

Comme d'un bienfaisant Léthé[1],
Je puiserai des baisers de toi
Qui es imprégnée d'aimant.

---

1. **Léthé** : source des Enfers, dans la mythologie grecque. L'eau qu'elle produisait apportait aux morts l'oubli de la vie terrestre.

10 Quand la tempête des vices
   Troublait toutes les routes,
   Tu m'es apparue, Déité[1],

   Comme une étoile salutaire
   Dans les naufrages amers...
15 – Je suspendrai mon cœur à tes autels !

   Piscine pleine de vertu,
   Fontaine d'éternelle jouvence,
   Rends la voix à mes lèvres muettes !

   Ce qui était vil, tu l'as brûlé ;
20 Rude, tu l'as aplani ;
   Débile[2], tu l'as affermi.

   Dans la faim, mon auberge,
   Dans la nuit ma lampe,
   Guide-moi toujours comme il faut.

25 Ajoute maintenant des forces à mes forces.
   Doux bain parfumé
   De suaves odeurs !

   Brille autour de mes reins,
   Ô ceinture de chasteté,
30 Trempée d'eau séraphique[3] ;

   Coupe étincelante de pierreries,
   Pain relevé de sel, mets délicat,
   Vin divin, Françoise.

_____

1. **Déité :** voir note 2, p. 79.
2. **Débile :** voir note 4, p. 56.
3. **Séraphique :** voir note 1, p. 110.

LXI

À UNE DAME CRÉOLE

Au pays parfumé que le soleil caresse,
J'ai connu, sous un dais[1] d'arbres tout empourprés
Et de palmiers d'où pleut sur les yeux la paresse,
Une dame créole aux charmes ignorés.

5 Son teint est pâle et chaud ; la brune enchanteresse
A dans le cou des airs noblement maniérés ;
Grande et svelte en marchant comme une chasseresse,
Son sourire est tranquille et ses yeux assurés.

Si vous alliez, Madame, au vrai pays de gloire,
10 Sur les bords de la Seine ou de la verte Loire,
Belle digne d'orner les antiques manoirs,

Vous feriez, à l'abri des ombreuses retraites,
Germer mille sonnets dans le cœur des poètes,
Que vos grands yeux rendraient plus soumis que vos noirs.

LXII

MŒSTA ET ERRABUNDA[2]

Dis-moi, ton cœur parfois s'envole-t-il, Agathe,
Loin du noir océan de l'immonde cité,
Vers un autre océan où la splendeur éclate,
Bleu, clair, profond, ainsi que la virginité ?
5 Dis-moi, ton cœur parfois s'envole-t-il, Agathe ?

---

1. **Dais** : morceau de tissu ou de bois surmontant un trône ou un autel.
2. **Mœsta et errabunda** : triste et vagabonde.

La mer, la vaste mer, console nos labeurs !
Quel démon a doté la mer, rauque chanteuse
Qu'accompagne l'immense orgue des vents grondeurs,
De cette fonction sublime de berceuse ?
10 La mer, la vaste mer, console nos labeurs !

Emporte-moi, wagon ! enlève-moi, frégate !
Loin ! loin ! ici la boue est faite de nos pleurs !
– Est-il vrai que parfois le triste cœur d'Agathe
Dise : Loin des remords, des crimes, des douleurs,
15 Emporte-moi, wagon, enlève-moi, frégate ?

Comme vous êtes loin, paradis parfumé,
Où sous un clair azur tout n'est qu'amour et joie,
Où tout ce que l'on aime est digne d'être aimé,
Où dans la volupté pure le cœur se noie !
20 Comme vous êtes loin, paradis parfumé !

Mais le vert paradis des amours enfantines,
Les courses, les chansons, les baisers, les bouquets,
Les violons vibrant derrière les collines,
Avec les brocs de vin, le soir, dans les bosquets,
25 – Mais le vert paradis des amours enfantines,

L'innocent paradis, plein de plaisirs furtifs,
Est-il déjà plus loin que l'Inde et que la Chine ?
Peut-on le rappeler avec des cris plaintifs,
Et l'animer encor d'une voix argentine,
30 L'innocent paradis plein de plaisirs furtifs ?

LXIII

LE REVENANT

Comme les anges à l'œil fauve,
Je reviendrai dans ton alcôve
Et vers toi glisserai sans bruit
Avec les ombres de la nuit ;

5 Et je te donnerai, ma brune,
Des baisers froids comme la lune
Et des caresses de serpent
Autour d'une fosse rampant.

Quand viendra le matin livide,
10 Tu trouveras ma place vide,
Où jusqu'au soir il fera froid.

Comme d'autres par la tendresse,
Sur ta vie et sur ta jeunesse,
Moi, je veux régner par l'effroi.

LXIV

SONNET D'AUTOMNE

Ils me disent, tes yeux, clairs comme le cristal :
« Pour toi, bizarre amant, quel est donc mon mérite ? »
– Sois charmante et tais-toi ! Mon cœur, que tout irrite,
Excepté la candeur de l'antique animal,

5 Ne veut pas te montrer son secret infernal,
Berceuse dont la main aux longs sommeils m'invite,

Ni sa noire légende avec la flamme écrite.
Je hais la passion et l'esprit me fait mal !

Aimons-nous doucement. L'Amour dans sa guérite[1],
10 Ténébreux, embusqué, bande son arc fatal.
Je connais les engins de son vieil arsenal[2] :

Crime, horreur et folie ! – Ô pâle marguerite !
Comme moi n'es-tu pas un soleil automnal,
Ô ma si blanche, ô ma si froide Marguerite ?

LXV

TRISTESSES DE LA LUNE

Ce soir, la lune rêve avec plus de paresse ;
Ainsi qu'une beauté, sur de nombreux coussins,
Qui d'une main distraite et légère caresse
Avant de s'endormir le contour de ses seins,

5 Sur le dos satiné des molles avalanches,
Mourante, elle se livre aux longues pâmoisons,
Et promène ses yeux sur les visions blanches
Qui montent dans l'azur comme des floraisons.

Quand parfois sur ce globe, en sa langueur oisive,
10 Elle laisse filer une larme furtive,
Un poète pieux, ennemi du sommeil,

---

1. **Guérite** : voir note 1, p. 121.
2. **Arsenal** : réserve d'armes et de munitions.

Dans le creux de sa main prend cette larme pâle,
Aux reflets irisés comme un fragment d'opale,
Et la met dans son cœur loin des yeux du soleil.

LXVI

LES CHATS

Les amoureux fervents et les savants austères
Aiment également, dans leur mûre saison,
Les chats puissants et doux, orgueil de la maison,
Qui comme eux sont frileux et comme eux sédentaires.

5 Amis de la science et de la volupté,
Ils cherchent le silence et l'horreur des ténèbres ;
L'Érèbe[1] les eût pris pour ses coursiers[2] funèbres,
S'ils pouvaient au servage incliner leur fierté.

Ils prennent en songeant les nobles attitudes
10 Des grands sphinx allongés au fond des solitudes,
Qui semblent s'endormir dans un rêve sans fin ;

Leurs reins féconds sont pleins d'étincelles magiques,
Et des parcelles d'or, ainsi qu'un sable fin,
Étoilent vaguement leurs prunelles mystiques.

---

1. **Érèbe** : dans la mythologie grecque, personnification des Ténèbres infernales.
2. **Coursier** : cheval de bataille.

LXVII

LES HIBOUX

Sous les ifs[1] noirs qui les abritent,
Les hiboux se tiennent rangés,
Ainsi que des dieux étrangers,
Dardant leur œil rouge. Ils méditent.

5 Sans remuer ils se tiendront
Jusqu'à l'heure mélancolique
Où, poussant le soleil oblique,
Les ténèbres s'établiront.

Leur attitude au sage enseigne
10 Qu'il faut en ce monde qu'il craigne
Le tumulte et le mouvement ;

L'homme ivre d'une ombre qui passe
Porte toujours le châtiment
D'avoir voulu changer de place.

LXVIII

LA PIPE

Je suis la pipe d'un auteur ;
On voit, à contempler ma mine
D'Abyssinienne[2] ou de Cafrine[3],
Que mon maître est un grand fumeur.

---

1. **Ifs** : voir note 3, p. 78.
2. **Abyssinienne** : d'Abyssinie (actuelle Éthiopie).
3. **Cafrine** : de la région du Cap, en Afrique australe.

5 Quand il est comblé de douleur,
  Je fume comme la chaumine[1]
  Où se prépare la cuisine
  Pour le retour du laboureur.

  J'enlace et je berce son âme
10 Dans le réseau mobile et bleu
   Qui monte de ma bouche en feu,

   Et je roule un puissant dictame[2]
   Qui charme son cœur et guérit
   De ses fatigues son esprit.

LXIX

LA MUSIQUE

La musique souvent me prend comme une mer !
        Vers ma pâle étoile,
Sous un plafond de brume ou dans un vaste éther[3],
        Je mets à la voile ;

5 La poitrine en avant et les poumons gonflés
          Comme de la toile,
  J'escalade le dos des flots amoncelés
          Que la nuit me voile ;

  Je sens vibrer en moi toutes les passions
10   D'un vaisseau qui souffre ;
   Le bon vent, la tempête et ses convulsions

---

1. **Chaumine :** chaumière.
2. **Dictame :** voir note 1, p. 96.
3. **Éther :** voir note 2, p. 50.

Sur l'immense gouffre
Me bercent. D'autres fois, calme plat, grand miroir
De mon désespoir !

LXX

SÉPULTURE

Si par une nuit lourde et sombre
Un bon chrétien, par charité,
Derrière quelque vieux décombre
Enterre votre corps vanté,

5   À l'heure où les chastes étoiles
Ferment leurs yeux appesantis,
L'araignée y fera ses toiles,
Et la vipère ses petits ;

Vous entendrez toute l'année
10   Sur votre tête condamnée
Les cris lamentables des loups

Et des sorcières faméliques[1],
Les ébats des vieillards lubriques
Et les complots des noirs filous.

---

1. **Famélique** : amaigri par la faim.

LXXI

UNE GRAVURE FANTASTIQUE

Ce spectre singulier n'a pour toute toilette,
Grotesquement campé sur son front de squelette,
Qu'un diadème affreux sentant le carnaval.
Sans éperons, sans fouet, il essouffle un cheval,
5 Fantôme comme lui, rosse apocalyptique,
Qui bave des naseaux comme un épileptique.
Au travers de l'espace ils s'enfoncent tous deux,
Et foulent l'infini d'un sabot hasardeux.
Le cavalier promène un sabre qui flamboie
10 Sur les foules sans nom que sa monture broie,
Et parcourt, comme un prince inspectant sa maison,
Le cimetière immense et froid, sans horizon,
Où gisent, aux lueurs d'un soleil blanc et terne,
Les peuples de l'histoire ancienne et moderne.

LXXII

LE MORT JOYEUX

Dans une terre grasse et pleine d'escargots
Je veux creuser moi-même une fosse profonde,
Où je puisse à loisir étaler mes vieux os
Et dormir dans l'oubli comme un requin dans l'onde.

5 Je hais les testaments et je hais les tombeaux ;
Plutôt que d'implorer une larme du monde,
Vivant, j'aimerais mieux inviter les corbeaux
À saigner tous les bouts de ma carcasse immonde.

Ô vers, noirs compagnons sans oreille et sans yeux,
10 Voyez venir à vous un mort libre et joyeux ;
Philosophes viveurs, fils de la pourriture,

À travers ma ruine allez donc sans remords,
Et dites-moi s'il est encor quelque torture
Pour ce vieux corps sans âme et mort parmi les morts !

LXXIII

LE TONNEAU DE LA HAINE

La Haine est le tonneau des pâles Danaïdes[1] ;
La Vengeance éperdue aux bras rouges et forts
A beau précipiter dans ses ténèbres vides
De grands seaux pleins du sang et des larmes des morts,

5 Le Démon fait des trous secrets à ces abîmes,
Par où fuiraient mille ans de sueurs et d'efforts,
Quand même elle saurait ranimer ses victimes,
Et pour les pressurer ressusciter leurs corps.

La Haine est un ivrogne au fond d'une taverne,
10 Qui sent toujours la soif naître de la liqueur
Et se multiplier comme l'hydre de Lerne[2].

– Mais les buveurs heureux connaissent leur vainqueur,
Et la Haine est vouée à ce sort lamentable
De ne pouvoir jamais s'endormir sous la table.

---

1. **Danaïdes** : dans la mythologie grecque, filles du roi Danaos, qui
assassinèrent leurs époux et furent condamnées à remplir éternellement un
tonneau sans fond.
2. **L'hydre de Lerne** : dans la mythologie grecque, créature à plusieurs têtes,
qui fut tuée par Héraclès.

LXXIV

LA CLOCHE FÊLÉE

Il est amer et doux, pendant les nuits d'hiver,
D'écouter, près du feu qui palpite et qui fume,
Les souvenirs lointains lentement s'élever
Au bruit des carillons qui chantent dans la brume.

5 Bienheureuse la cloche au gosier vigoureux
Qui, malgré sa vieillesse, alerte et bien portante,
Jette fidèlement son cri religieux,
Ainsi qu'un vieux soldat qui veille sous la tente !

Moi, mon âme est fêlée, et lorsqu'en ses ennuis
10 Elle veut de ses chants peupler l'air froid des nuits,
Il arrive souvent que sa voix affaiblie

Semble le râle épais d'un blessé qu'on oublie
Au bord d'un lac de sang, sous un grand tas de morts,
Et qui meurt, sans bouger, dans d'immenses efforts.

LXXV

SPLEEN

Pluviôse[1], irrité contre la ville entière,
De son urne à grands flots verse un froid ténébreux
Aux pâles habitants du voisin cimetière
Et la mortalité sur les faubourgs brumeux.

---

1. **Pluviôse** : cinquième mois du calendrier révolutionnaire (20 janvier-
19 février).

Un masque sonne le glas funèbre.
Odilon Redon (1840-1916).
Bibliothèque nationale, Paris.

5 Mon chat sur le carreau cherchant une litière
Agite sans repos son corps maigre et galeux ;
L'âme d'un vieux poète erre dans la gouttière
Avec la triste voix d'un fantôme frileux.

Le bourdon[1] se lamente, et la bûche enfumée
10 Accompagne en fausset la pendule enrhumée,
Cependant qu'en un jeu plein de sales parfums,

Héritage fatal d'une vieille hydropique[2],
Le beau valet de cœur et la dame de pique
Causent sinistrement de leurs amours défunts.

LXXVI

SPLEEN

J'ai plus de souvenirs que si j'avais mille ans.

Un gros meuble à tiroirs encombré de bilans[3],
De vers, de billets doux, de procès, de romances,
Avec de lourds cheveux roulés dans des quittances,
5 Cache moins de secrets que mon triste cerveau.
C'est une pyramide, un immense caveau,
Qui contient plus de morts que la fosse commune.
– Je suis un cimetière abhorré[4] de la lune,
Où comme des remords se traînent de longs vers
10 Qui s'acharnent toujours sur mes morts les plus chers.
Je suis un vieux boudoir plein de roses fanées,

---

1. **Bourdon** : cloche à son grave.
2. **Hydropique** : épanchement de liquide à l'intérieur du corps.
3. **Bilan** : document comptable récapitulant l'état financier d'une société.
4. **Abhorré** : voir note 1, p. 98.

Où gît tout un fouillis de modes surannées[1],
Où les pastels plaintifs et les pâles Boucher[2],
Seuls, respirent l'odeur d'un flacon débouché.

15 Rien n'égale en longueur les boiteuses journées,
Quand sous les lourds flocons des neigeuses années
L'ennui, fruit de la morne incuriosité,
Prend les proportions de l'immortalité.
– Désormais tu n'es plus, ô matière vivante !
20 Qu'un granit entouré d'une vague épouvante,
Assoupi dans le fond d'un Sahara brumeux ;
Un vieux sphinx[3] ignoré du monde insoucieux,
Oublié sur la carte, et dont l'humeur farouche
Ne chante qu'aux rayons du soleil qui se couche.

LXXVII

SPLEEN

Je suis comme le roi d'un pays pluvieux,
Riche, mais impuissant, jeune et pourtant très vieux,
Qui, de ses précepteurs méprisant les courbettes,
S'ennuie avec ses chiens comme avec d'autres bêtes.
5 Rien ne peut l'égayer, ni gibier, ni faucon,
Ni son peuple mourant en face du balcon.
Du bouffon favori la grotesque ballade
Ne distrait plus le front de ce cruel malade ;
Son lit fleurdelisé se transforme en tombeau,
10 Et les dames d'atour[4], pour qui tout prince est beau,

---

1. **Surannées** : désuettes, démodées.
2. **Boucher** : peintre français (1703-1770).
3. **Sphinx** : voir note 1, p. 69.
4. **Dames d'atour** : dames d'honneur chargées de veiller à la toilette d'une reine ou d'une princesse.

Ne savent plus trouver d'impudique toilette
Pour tirer un souris[1] de ce jeune squelette.
Le savant qui lui fait de l'or n'a jamais pu
De son être extirper l'élément corrompu,
15 Et dans ces bains de sang qui des Romains nous viennent,
Et dont sur leurs vieux jours les puissants se souviennent,
Il n'a su réchauffer ce cadavre hébété
Où coule au lieu de sang l'eau verte du Léthé[2].

LXXVIII

SPLEEN

Quand le ciel bas et lourd pèse comme un couvercle
Sur l'esprit gémissant en proie aux longs ennuis,
Et que de l'horizon embrassant tout le cercle
Il nous verse un jour noir plus triste que les nuits ;

5 Quand la terre est changée en un cachot humide,
Où l'Espérance, comme une chauve-souris,
S'en va battant les murs de son aile timide
Et se cognant la tête à des plafonds pourris ;

Quand la pluie étalant ses immenses traînées
10 D'une vaste prison imite les barreaux,
Et qu'un peuple muet d'infâmes araignées
Vient tendre ses filets au fond de nos cerveaux,

Des cloches tout à coup sautent avec furie
Et lancent vers le ciel un affreux hurlement,

---

1. **Souris** : voir note 2, p. 55.
2. **Léthé** : voir note 1, p. 126.

Repères

• Ce poème est le quatrième d'une série consacrée à l'évocation du spleen. Ces quatre poèmes portant le même titre inaugurent le dernier mouvement de la section « Spleen et Idéal », le plus sombre. Vous définirez le terme *spleen*, en indiquant son origine.

Observation

• Étudiez la syntaxe du poème en faisant son analyse logique. Puis étudiez le rapport entre la structure syntaxique et la structure métrique du poème. Que constatez-vous ?

• Étudiez l'ordre de succession logique des différentes causes et manifestations du spleen.

• Étudiez la place des pronoms de la première personne dans le poème. Qu'en déduisez-vous ?

• Repérez la présence de jugements de valeur qui traduisent la subjectivité du *je* poétique dans le poème.

• Montrez que deux types de monde sont évoqués ici, le monde intérieur et le monde extérieur. Sont-ils évoqués de façon analogue ou en opposition ?

Interprétations

• Montrez que plus qu'un état, le spleen est un principe dynamique.

15 Ainsi que des esprits errants et sans patrie
Qui se mettent à geindre opiniâtrement.

– Et de longs corbillards, sans tambours ni musique,
Défilent lentement dans mon âme ; l'Espoir,
Vaincu, pleure, et l'Angoisse atroce, despotique,
20 Sur mon crâne incliné plante son drapeau noir.

LXXIX

OBSESSION

Grands bois, vous m'effrayez comme des cathédrales ;
Vous hurlez comme l'orgue ; et dans nos cœurs maudits,
Chambres d'éternel deuil où vibrent de vieux râles,
Répondent les échos de vos *De profundis*[1].

5 Je te hais, Océan ! tes bonds et tes tumultes,
Mon esprit les retrouve en lui ; ce rire amer
De l'homme vaincu, plein de sanglots et d'insultes,
Je l'entends dans le rire énorme de la mer.

Comme tu me plairais, ô nuit ! sans ces étoiles
10 Dont la lumière parle un langage connu !
Car je cherche le vide, et le noir, et le nu !

Mais les ténèbres sont elles-mêmes des toiles
Où vivent, jaillissant de mon œil par milliers,
Des êtres disparus aux regards familiers.

---

1. **De Profundis** : voir note 1, p. 86.

LXXX

LE GOÛT DU NÉANT

Morne esprit, autrefois amoureux de la lutte,
L'Espoir, dont l'éperon attisait ton ardeur,
Ne veut plus t'enfourcher ! Couche-toi sans pudeur,
Vieux cheval dont le pied à chaque obstacle bute.

5   Résigne-toi, mon cœur ; dors ton sommeil de brute.

Esprit vaincu, fourbu ! Pour toi, vieux maraudeur[1],
L'amour n'a plus de goût, non plus que la dispute ;
Adieu donc, chants du cuivre et soupirs de la flûte !
Plaisirs, ne tentez plus un cœur sombre et boudeur !

10   Le Printemps adorable a perdu son odeur !

Et le Temps m'engloutit minute par minute,
Comme la neige immense un corps pris de roideur[2] ;
Je contemple d'en haut le globe en sa rondeur
Et je n'y cherche plus l'abri d'une cahute.

15   Avalanche, veux-tu m'emporter dans ta chute ?

LXXXI

ALCHIMIE DE LA DOULEUR

L'un t'éclaire avec son ardeur,
L'autre en toi met son deuil, Nature !

---

1. **Maraudeur :** voleur.
2. **Roideur :** raideur (vieilli).

Ce qui dit à l'un : Sépulture !
Dit à l'autre : Vie et splendeur !

5   Hermès[1] inconnu qui m'assistes
Et qui toujours m'intimidas,
Tu me rends l'égal de Midas[2],
Le plus triste des alchimistes ;

Par toi je change l'or en fer
10   Et le paradis en enfer ;
Dans le suaire[3] des nuages

Je découvre un cadavre cher,
Et sur les célestes rivages
Je bâtis de grands sarcophages.

LXXXII

HORREUR SYMPATHIQUE

De ce ciel bizarre et livide,
Tourmenté comme ton destin,
Quels pensers[4] dans ton âme vide
Descendent ? réponds, libertin[5].

5   – Insatiablement avide
De l'obscur et de l'incertain,

---

1. **Hermès** : dieu grec auquel on a associé l'alchimie et la magie.
2. **Midas** : roi de Phrygie, qui reçut le don de changer tout ce qu'il touchait
en or.
3. **Suaire** : voir note 2, p. 56.
4. **Pensers** : voir note 1, p. 52.
5. **Libertin** : voir note 8, p. 80.

Je ne geindrai pas comme Ovide[1]
Chassé du paradis latin.

Cieux déchirés comme des grèves[2],
10   En vous se mire mon orgueil ;
Vos vastes nuages en deuil

Sont les corbillards de mes rêves,
Et vos lueurs sont le reflet
De l'Enfer où mon cœur se plaît.

LXXXIII

L'HÉAUTONTIMOROUMÉNOS[3]

À J. G. F.

Je te frapperai sans colère
Et sans haine, comme un boucher,
Comme Moïse le rocher !
Et je ferai de ta paupière,

5   Pour abreuver mon Sahara,
Jaillir les eaux de la souffrance.
Mon désir gonflé d'espérance
Sur tes pleurs salés nagera

Comme un vaisseau qui prend le large,
10   Et dans mon cœur qu'ils soûleront

---

1. **Ovide** : poète latin (43 av. J.-C.-18 ap. J.-C.) exilé par Auguste en Asie Mineure, sur les bords de la mer Noire.
2. **Grève** : voir note 1, p. 60.
3. **Héautontimorouménos** : « bourreau de soi-même », titre d'une comédie du poète latin Térence (190-159 av. J.-C.).

Tes chers sanglots retentiront
Comme un tambour qui bat la charge !

Ne suis-je pas un faux accord
Dans la divine symphonie,
15   Grâce à la vorace Ironie
Qui me secoue et qui me mord ?

Elle est dans ma voix, la criarde !
C'est tout mon sang, ce poison noir !
Je suis le sinistre miroir
20   Où la mégère[1] se regarde.

Je suis la plaie et le couteau !
Je suis le soufflet[2] et la joue !
Je suis les membres et la roue,
Et la victime et le bourreau !

25   Je suis de mon cœur le vampire,
– Un de ces grands abandonnés
Au rire éternel condamnés,
Et qui ne peuvent plus sourire !

LXXXIV

L'IRRÉMÉDIABLE

I

Une Idée, une Forme, un Être
Parti de l'azur et tombé

---

1. **Mégère** : voir note 7, p. 80.
2. **Soufflet** : gifle.

Dans un Styx[1] bourbeux et plombé
Où nul œil du Ciel ne pénètre ;

5   Un Ange, imprudent voyageur
Qu'a tenté l'amour du difforme,
Au fond d'un cauchemar énorme
Se débattant comme un nageur,

Et luttant, angoisses funèbres !
10   Contre un gigantesque remous
Qui va chantant comme les fous
Et pirouettant dans les ténèbres ;

Un malheureux ensorcelé
Dans ses tâtonnements futiles,
15   Pour fuir d'un lieu plein de reptiles,
Cherchant la lumière et la clé ;

Un damné descendant sans lampe,
Au bord d'un gouffre dont l'odeur
Trahit l'humide profondeur,
20   D'éternels escaliers sans rampe,

Où veillent des monstres visqueux
Dont les larges yeux de phosphore
Font une nuit plus noire encore
Et ne rendent visibles qu'eux ;

25   Un navire pris dans le pôle,
Comme en un piège de cristal,
Cherchant par quel détroit fatal
Il est tombé dans cette geôle ;

---

1. **Styx** : voir note 5, p. 80.

– Emblèmes[1] nets, tableau parfait
30 D'une fortune irrémédiable,
Qui donne à penser que le Diable
Fait toujours bien tout ce qu'il fait !

II

Tête-à-tête sombre et limpide
Qu'un cœur devenu son miroir !
35 Puits de Vérité, clair et noir,
Où tremble une étoile livide,

Un phare ironique, infernal,
Flambeau des grâces sataniques,
Soulagement et gloire uniques,
40 – La conscience dans le Mal !

LXXXV

L'HORLOGE

Horloge ! dieu sinistre, effrayant, impassible,
Dont le doigt nous menace et nous dit : « *Souviens-toi !*
Les vibrantes Douleurs dans ton cœur plein d'effroi
Se planteront bientôt comme dans une cible ;

5 « Le Plaisir vaporeux[2] fuira vers l'horizon
Ainsi qu'une sylphide[3] au fond de la coulisse ;
Chaque instant te dévore un morceau du délice
À chaque homme accordé pour toute sa saison.

---

1. **Emblème** : figure symbolique.
2. **Vaporeux** : réduit à l'état de vapeur.
3. **Sylphide** : dans la mythologie germanique, génie féminin des airs.

« Trois mille six cents fois par heure, la Seconde
10 Chuchote : *Souviens-toi !* – Rapide, avec sa voix
D'insecte, Maintenant dit : Je suis Autrefois,
Et j'ai pompé ta vie avec ma trompe immonde !

« *Remember*[1] ! *Souviens-toi*, prodigue ! *Esto memor*[2] !
(Mon gosier de métal parle toutes les langues.)
15 Les minutes, mortel folâtre[3], sont des gangues[4]
Qu'il ne faut pas lâcher sans en extraire l'or !

« *Souviens-toi* que le Temps est un joueur avide
Qui gagne sans tricher, à tout coup ! c'est la loi.
Le jour décroît ; la nuit augmente ; *souviens-toi !*
20 Le gouffre a toujours soif ; la clepsydre[5] se vide.

« Tantôt sonnera l'heure où le divin Hasard,
Où l'auguste Vertu, ton épouse encor vierge,
Où le Repentir même (oh ! la dernière auberge !),
Où tout te dira : Meurs, vieux lâche ! il est trop tard ! »

---

1. **Remember** : « souviens-toi » en anglais.
2. **Esto memor** : « souviens-toi » en latin.
3. **Folâtre** : diminutif de fou.
4. **Gangue** : matière terreuse ou pierreuse qui enveloppe un minerai.
5. **Clepsydre** : horloge à eau.

Organisation thématique de « Spleen et Idéal »

La première section des *Fleurs du mal* est, de loin, la plus importante quantitativement. Elle comporte 85 poèmes sur 126 dans l'édition de 1861. Sans qu'on puisse déterminer de sous-sections à proprement parler, on peut reconnaître trois mouvements assez distincts. Les poèmes I à XXI sont consacrés à l'idéal de l'art et à la place de l'artiste dans la société des hommes ; les poèmes XXII à XLVI parlent du désir et de l'amour, à travers diverses figures féminines ; enfin les poèmes XLV à LXXXV sont consacrés au spleen. Une subdivision plus fine est encore perceptible à l'intérieur de chacun de ces mouvements. En particulier, le thème de l'amour est organisé autour de trois figures féminines : celle de Jeanne Duval, la mûlatresse qui fut la compagne de Baudelaire la majeure partie de sa vie, celle de Marie Daubrun, et enfin celle de Madame Sabatier. Les poèmes du spleen, quant à eux, peuvent se regrouper en trois cycles : le cycle de la rêverie, celui de la douleur, et celui du néant. On le voit, le mouvement d'ensemble de la première section, à l'inverse du titre, nous mène de l'Idéal au Spleen, et évolue vers les aspects les plus sombres. Parallèlement à cette organisation thématique globalement linéaire, chacun des poèmes reflète à sa façon la double aspiration contradictoire de l'homme et du poète vers le spleen et l'idéal.

Le cycle de l'Idéal

Comprenant une ouverture sur la venue au monde du poète (« Bénédiction »), un premier mouvement (les six premiers poèmes) est consacré à la grandeur du poète et à l'hostilité à laquelle il est en butte. Objet de la malédiction des hommes, il est un infirme (« L'Albatros »), mais possède le pouvoir de se soustraire à la laideur du monde terrestre (« Élévation »), d'accéder à la transcendance par le biais des correspondances. Les poèmes V et VI célèbrent la grandeur de l'art ancien et des grands artistes qui composent le panthéon personnel de Baudelaire : Rubens, Vinci, Rembrandt, Michel-Ange, Puget, Watteau, Goya, Delacroix. Un deuxième mouvement (poèmes VII à XV) met ensuite l'accent sur les aspects misérables de la condition du poète, en particulier son impuissance à créer. Ainsi est établie sa position intenable, déchiré entre ses souffrances terrestres et son aspiration à l'Idéal. Ces deux pôles sont représentés d'emblée par des thèmes clefs qu'on retrouvera tout au long des *Fleurs du mal* : la malédiction du poète, la solitude, la culpabilité liée à son sentiment d'impuissance, le remords, le sentiment d'élévation et de liberté, la hauteur, les cieux, la nostalgie d'un âge d'or révolu, d'une « vie antérieure ».

Ce premier mouvement introduit également le thème du temps, corrupteur de toute chose, ennemi implacable de celui qui veut atteindre l'Idéal. Corollairement est établie l'idée que l'Idéal est peut-être aussi à atteindre dans le travail du souvenir. Enfin on notera que l'Idéal est représenté par des images apparemment contradictoires d'espace et de dilatation, mais aussi d'intériorisation. Par cette double représentation, l'infini rejoint l'intime, l'éternel rejoint le néant.

L'Idéal s'incarne aussi dans les différentes figures de la Beauté (poèmes XVII à XXI). Ainsi s'achève le premier mouvement de la section, sur un cycle de la Beauté où après avoir décrit plusieurs esthétiques possibles, la beauté froide des parnassiens (« La Beauté »), la beauté convulsive du crime (« L'Idéal »), la beauté baroque (« Le Masque »), Baudelaire décrit sa propre conception de la beauté, une beauté *moderne*, qui approfondit chacune des autres et en réalise la synthèse (« Hymne à la beauté »). Construit sur une des figures clefs de la poétique baudelairienne, l'oxymore, ce dernier poème définit une beauté faite d'excès et de contrastes, comme en témoigne le premier vers de chacune des strophes (« Viens-tu du ciel profond ou sors-tu de l'abîme », « Tu contiens dans ton œil le couchant et l'aurore », « Sors-tu du gouffre noir ou descends-tu des astres », « Que tu viennes du ciel ou de l'enfer, qu'importe », « De Satan ou de Dieu, qu'importe ? Ange ou Sirène, Qu'importe... »).

Le cycle de l'amour

Jeanne Duval

Trois figures de femme se succèdent dans ce cycle. Celle de Jeanne Duval, tout d'abord, la Vénus noire. Elle est au centre de ce que les critiques se sont accordés à appeler le cycle de l'amour charnel. Y dominent des figures et des motifs empreints de sensualité et d'exotisme (les parfums). Les images de prédilection pour représenter la femme sont des images animales (XXVII et XXVIII, « Le serpent qui danse », « Le Chat ») et la tonalité de ce cycle est volontiers menaçante : la femme est source de danger (« Le Vampire »), liée au macabre et à la destruction (« Une charogne », « Remords posthume »), représentée sous les traits de Satan (« Le Possédé ») ou d'un fantôme (« Un fantôme »). L'amour y revêt un caractère charnel et une dimension dionysiaque. Jean Prévost a souligné ce que les images de la Vénus noire, peintes dans l'ordre des mots et de la poésie, doivent à Delacroix et aux scènes de nu qu'il a peintes. Mais ici, il ne s'agit pas d'une pure contemplation de la beauté charnelle, il s'agit également d'une tentation corruptrice, qui fait obstacle à la tentative de maîtrise de l'esprit. Le mouvement que la femme suscite chez le poète est double, à l'image de cette dualité qui imprègne toute la poésie des *Fleurs du mal* : elle ouvre au poète un monde d'images et de sensations visuelles et olfactives ; mais simultanément, elle le trouble et elle le glace. Le caractère destructeur de cette Vénus noire est attesté par les images de vampires et les images sataniques qu'elle suscite chez le poète, victime de sa cruauté et de son sadisme (« Le Vampire », « De profundis clamavi », « Le Possédé », « Une madone », « À celle qui est trop gaie »).

Madame Sabatier

Amante surtout platonique de Baudelaire, Madame Sabatier reçut du poète plusieurs poèmes qu'il lui dédia. Dans une lettre du 18 août 1857, il lui déclara « Tous les vers compris entre la page 84 et la page 105 vous appartiennent », ce qui correspond aux poèmes XLI (« Tout entière ») à LXVIII (« Le Flacon »). Souvent désigné par la critique comme le cycle de l'amour spirituel, cet ensemble décrit la figure d'un amour plus angélique et plus mystique, incarnée notamment par des thèmes et des motifs religieux, comme dans « Réversibilité », dans « Confession » ou encore dans le célèbre pantoum « Harmonie du soir ». L'idéalisation de la figure féminine dominant ce cycle n'exclut cependant pas une certaine violence.

Marie Daubrun (poèmes XLIX à LVII)

Jeune actrice dont Baudelaire célèbre les yeux verts et la chevelure d'or, elle représente en quelque sorte un moyen terme entre le satanisme de Jeanne Duval et l'angélisme de Madame Sabatier. Le sentiment de tendresse fraternelle qu'elle inspire au poète n'est quelquefois pas dénué d'une dimension quasi incestueuse (« L'Invitation au voyage »).

Le cycle du spleen

Le terme de spleen est un des termes clefs des *Fleurs du mal*. Emprunté au lexique anglais, Baudelaire lui a donné une résonnance importante. Mot intraduisible, parce qu'il provient d'un ailleurs, et qu'aucun mot français ne lui est, sémantiquement, équivalent, le spleen est proche de la mélancolie, au sens fort du terme que lui donne par exemple Jean Starobinski. Conscience douloureuse du temps qui corrompt, du passé dont la présence apporte le remords, du vide de l'impuissance, le spleen succède à l'échec de l'idéal et de la sensualité. Il n'est pas totalement sans rapport avec la conception chrétienne du péché originel, où l'on peut trouver une figure de cette dualité humaine, déchirante et irréconciliable.

Ressassement, outrance, violence retournée contre soi, masochisme. Le spleen provient à la fois de causes externes et de causes internes. « L'Heautontimoroumenos », qui occupe une place centrale au sein du recueil, explore le thème de la douleur infligée à soi-même (« Je suis la plaie et le couteau ! / Je suis le soufflet et la joue ! / Je suis les membres et la roue, / Et la victime et le bourreau ! »). La recherche obsédante de soi (« L'Irrémédiable », « Le Jeu », etc.) est un des pivots du projet existentiel et poétique de Baudelaire. Ce mouvement même rend de plus en plus forte l'emprise du spleen et amenuise les chances d'évasion vers l'Idéal. Déjà se profile l'ultime solution, seule chance de voir se réduire la contradiction qui déchire : le repos et la paix dans la mort.

Usine à vapeur E. Fouquet.
Gravure de 1866.

TABLEAUX PARISIENS

LXXXVI

PAYSAGE

Je veux, pour composer chastement mes églogues[1],
Coucher auprès du ciel, comme les astrologues,
Et, voisin des clochers, écouter en rêvant
Leurs hymnes solennels emportés par le vent.
5 Les deux mains au menton, du haut de ma mansarde,
Je verrai l'atelier qui chante et qui bavarde ;
Les tuyaux, les clochers, ces mâts de la cité,
Et les grands ciels qui font rêver d'éternité.

Il est doux, à travers les brumes, de voir naître
10 L'étoile dans l'azur, la lampe à la fenêtre,
Les fleuves de charbon monter au firmament[2]
Et la lune verser son pâle enchantement.
Je verrai les printemps, les étés, les automnes ;
Et quand viendra l'hiver aux neiges monotones,
15 Je fermerai partout portières et volets
Pour bâtir dans la nuit mes féeriques palais.
Alors je rêverai des horizons bleuâtres,
Des jardins, des jets d'eau pleurant dans les albâtres[3],
Des baisers, des oiseaux chantant soir et matin,
20 Et tout ce que l'Idylle[4] a de plus enfantin.

---

1. **Églogues** : poèmes bucoliques.
2. **Firmament** : ciel.
3. **Albâtres** : statues en albâtre, pierre très blanche.
4. **Idylle** : poème bucolique et amoureux.

L'Émeute, tempêtant vainement à ma vitre,
Ne fera pas lever mon front de mon pupitre ;
Car je serai plongé dans cette volupté
D'évoquer le Printemps avec ma volonté,
25 De tirer un soleil de mon cœur, et de faire
De mes pensers brûlants une tiède atmosphère.

LXXXVII

LE SOLEIL

Le long du vieux faubourg, où pendent aux masures
Les persiennes, abri des secrètes luxures,
Quand le soleil cruel frappe à traits redoublés
Sur la ville et les champs, sur les toits et les blés,
5 Je vais m'exercer seul à ma fantasque[1] escrime,
Flairant dans tous les coins les hasards de la rime,
Trébuchant sur les mots comme sur les pavés,
Heurtant parfois des vers depuis longtemps rêvés.

Ce père nourricier, ennemi des chloroses[2],
10 Éveille dans les champs les vers comme les roses ;
Il fait s'évaporer les soucis vers le ciel,
Et remplit les cerveaux et les ruches de miel.
C'est lui qui rajeunit les porteurs de béquilles
Et les rend gais et doux comme des jeunes filles,
15 Et commande aux moissons de croître et de mûrir
Dans le cœur immortel qui toujours veut fleurir !

Quand, ainsi qu'un poète, il descend dans les villes,
Il ennoblit le sort des choses les plus viles,

---

1. **Fantasque** : bizarre et imprévisible.
2. **Chlorose** : voir note 2, p. 71.

Et s'introduit en roi, sans bruit et sans valets,
20 Dans tous les hôpitaux et dans tous les palais.

LXXXVIII

À UNE MENDIANTE ROUSSE

Blanche fille aux cheveux roux,
Dont la robe par ses trous
Laisse voir la pauvreté
    Et la beauté,

5   Pour moi, poète chétif,
Ton jeune corps maladif,
Plein de taches de rousseur,
    A sa douceur.

Tu portes plus galamment
10 Qu'une reine de roman
Ses cothurnes[1] de velours
    Tes sabots lourds.

Au lieu d'un haillon trop court,
Qu'un superbe habit de cour
15 Traîne à plis bruyants et longs
    Sur tes talons ;

En place de bas troués,
Que pour les yeux des roués[2]
Sur ta jambe un poignard d'or
20   Reluise encor ;

---

1. **Cothurnes** : dans l'Antiquité, chaussures de scène des acteurs tragiques.
2. **Roué** : débauché, avec une nuance de perversité.

Que des nœuds mal attachés
Dévoilent pour nos péchés
Tes deux beaux seins, radieux
    Comme des yeux ;

25   Que pour te déshabiller
Tes bras se fassent prier
Et chassent à coups mutins[1]
    Les doigts lutins[2],

Perles de la plus belle eau,
30   Sonnets de maître Belleau[3]
Par tes galants mis aux fers
    Sans cesse offerts,

Valetaille[4] de rimeurs[5]
Te dédiant leurs primeurs
35   Et contemplant ton soulier
    Sous l'escalier,

Maint page épris du hasard,
Maint seigneur et maint Ronsard[6]
Épieraient pour le déduit[7]
40   Ton frais réduit !

Tu compterais dans tes lits
Plus de baisers que de lis

---

1. **Mutins :** taquins.
2. **Lutins :** espiègles.
3. **Belleau :** poète de la Pléiade (1528-1577).
4. **Valetaille :** ensemble des valets (péjoratif).
5. **Rimeurs :** terme péjoratif pour désigner les poètes.
6. **Ronsard :** poète de la Pléiade (1524-1585).
7. **Déduit :** jeu amoureux.

Et rangerais sous tes lois
Plus d'un Valois[1] !

45   – Cependant tu vas gueusant[2]
Quelque vieux débris gisant
Au seuil de quelque Véfour[3]
De carrefour ;

Tu vas lorgnant en dessous
50   Des bijoux de vingt-neuf sous
Dont je ne puis, oh ! pardon !
Te faire don.

Va donc, sans autre ornement,
Parfum, perles, diamant,
55   Que ta maigre nudité,
Ô ma beauté !

LXXXIX

LE CYGNE

À Victor Hugo.

I

Andromaque, je pense à vous ! Ce petit fleuve,
Pauvre et triste miroir où jadis resplendit

---

1. **Valois** : famille qui régna sur la France de 1328 (Philippe VI) à 1589 (Henri III).
2. **Gueusant** : vivant comme un gueux, mendiant.
3. **Véfour** : célèbre restaurant parisien.

L'immense majesté de vos douleurs de veuve,
Ce Simoïs[1] menteur qui par vos pleurs grandit,

5 A fécondé soudain ma mémoire fertile,
Comme je traversais le nouveau Carrousel[2].
Le vieux Paris n'est plus (la forme d'une ville
Change plus vite, hélas ! que le cœur d'un mortel) ;

Je ne vois qu'en esprit tout ce camp de baraques,
10 Ces tas de chapiteaux ébauchés et de fûts[3],
Les herbes, les gros blocs verdis par l'eau des flaques,
Et, brillant aux carreaux, le bric-à-brac confus.

Là s'étalait jadis une ménagerie ;
Là je vis, un matin, à l'heure où sous les cieux
15 Froids et clairs le Travail s'éveille, où la voirie
Pousse un sombre ouragan dans l'air silencieux,

Un cygne qui s'était évadé de sa cage,
Et, de ses pieds palmés frottant le pavé sec,
Sur le sol raboteux traînait son blanc plumage.
20 Près d'un ruisseau sans eau la bête ouvrant le bec

Baignait nerveusement ses ailes dans la poudre[4],
Et disait, le cœur plein de son beau lac natal :
« Eau, quand donc pleuvras-tu ? quand tonneras-tu,
                                                    [foudre ? »
25 Je vois ce malheureux, mythe étrange et fatal,

---

1. **Simoïs** : fleuve du royaume de Troie dont Andromaque, princesse troyenne en exil, a fait creuser une réplique.
2. **Carrousel** : place de Paris, entre le Louvre et les Tuileries, où Louis XIV fit édifier un arc de triomphe.
3. **Fût** : partie centrale d'une colonne, entre la base et le chapiteau.
4. **Poudre** : poussière (vieilli).

Vers le ciel quelquefois, comme l'homme d'Ovide[1],
Vers le ciel ironique et cruellement bleu,
Sur son cou convulsif tendant sa tête avide,
Comme s'il adressait des reproches à Dieu !

II

Paris change ! mais rien dans ma mélancolie
30 N'a bougé ! palais neufs, échafaudages, blocs,
Vieux faubourgs, tout pour moi devient allégorie,
Et mes chers souvenirs sont plus lourds que des rocs.

Aussi devant ce Louvre une image m'opprime :
Je pense à mon grand cygne, avec ses gestes fous,
35 Comme les exilés, ridicule et sublime,
Et rongé d'un désir sans trêve ! et puis à vous,

Andromaque, des bras d'un grand époux tombée,
Vil bétail, sous la main du superbe Pyrrhus[2],
Auprès d'un tombeau vide en extase courbée ;
40 Veuve d'Hector[3], hélas ! et femme d'Hélénus[4] !

Je pense à la négresse, amaigrie et phtisique[5],
Piétinant dans la boue, et cherchant, l'œil hagard,
Les cocotiers absents de la superbe Afrique
Derrière la muraille immense du brouillard ;

---

1. **Ovide** : voir note 1, p. 147.
2. **Pyrrhus** : fils d'Achille, il emmena Andromaque captive à son retour de la guerre de Troie.
3. **Hector** : prince troyen, mari d'Andromaque.
4. **Hélénus** : prince troyen, frère d'Hector.
5. **Phtisique** : tuberculeux.

45 À quiconque a perdu ce qui ne se retrouve
Jamais, jamais ! à ceux qui s'abreuvent de pleurs
Et tètent la Douleur comme une bonne louve[1] !
Aux maigres orphelins séchant comme des fleurs !

Ainsi dans la forêt où mon esprit s'exile
50 Un vieux Souvenir sonne à plein souffle du cor !
Je pense aux matelots oubliés dans une île,
Aux captifs, aux vaincus !... à bien d'autres encor !

XC

LES SEPT VIEILLARDS

À Victor Hugo.

Fourmillante cité, cité pleine de rêves,
Où le spectre en plein jour raccroche le passant !
Les mystères partout coulent comme des sèves
Dans les canaux étroits du colosse puissant.

5 Un matin, cependant que dans la triste rue
Les maisons, dont la brume allongeait la hauteur,
Simulaient les deux quais d'une rivière accrue,
Et que, décor semblable à l'âme de l'acteur,

Un brouillard sale et jaune inondait tout l'espace,
10 Je suivais, roidissant[2] mes nerfs comme un héros

---

1. **Louve :** allusion à la louve qui allaita Romulus, fondateur légendaire de Rome, et son frère Remus.
2. **Roidissant :** raidissant (vieilli).

Et discutant avec mon âme déjà lasse,
Le faubourg secoué par les lourds tombereaux[1].

Tout à coup, un vieillard dont les guenilles jaunes
Imitaient la couleur de ce ciel pluvieux,
15 Et dont l'aspect aurait fait pleuvoir les aumônes,
Sans la méchanceté qui luisait dans ses yeux,

M'apparut. On eût dit sa prunelle trempée
Dans le fiel[2] ; son regard aiguisait les frimas[3],
Et sa barbe à longs poils, roide[4] comme une épée,
20 Se projetait, pareille à celle de Judas.

Il n'était pas voûté, mais cassé, son échine
Faisant avec sa jambe un parfait angle droit,
Si bien que son bâton, parachevant sa mine,
Lui donnait la tournure et le pas maladroit

25 D'un quadrupède infirme ou d'un juif à trois pattes.
Dans la neige et la boue il allait s'empêtrant,
Comme s'il écrasait des morts sous ses savates,
Hostile à l'univers plutôt qu'indifférent.

Son pareil le suivait : barbe, œil, dos, bâton, loques,
30 Nul trait ne distinguait, du même enfer venu,
Ce jumeau centenaire, et ces spectres baroques
Marchaient du même pas vers un but inconnu.

À quel complot infâme étais-je donc en butte,
Ou quel méchant hasard ainsi m'humiliait ?

---

1. **Tombereau** : caisse montée sur roues et destinée au transport des matériaux.
2. **Fiel** : bile, au sens figuré, méchanceté mêlée d'amertume.
3. **Frimas** : voir note 1, p. 109.
4. **Roide** : raide (vieilli).

35 Car je comptai sept fois, de minute en minute,
Ce sinistre vieillard qui se multipliait !

Que celui-là qui rit de mon inquiétude,
Et qui n'est pas saisi d'un frisson fraternel,
Songe bien que malgré tant de décrépitude
40 Ces sept monstres hideux avaient l'air éternel !

Aurais-je, sans mourir, contemplé le huitième,
Sosie inexorable[1], ironique et fatal,
Dégoûtant Phénix[2], fils et père de lui-même ?
– Mais je tournai le dos au cortège infernal.

45 Exaspéré comme un ivrogne qui voit double,
Je rentrai, je fermai ma porte, épouvanté,
Malade et morfondu, l'esprit fiévreux et trouble,
Blessé par le mystère et par l'absurdité !

Vainement ma raison voulait prendre la barre ;
50 La tempête en jouant déroutait ses efforts,
Et mon âme dansait, dansait, vieille gabarre[3]
Sans mâts, sur une mer monstrueuse et sans bords !

---

1. **Inexorable :** qu'on ne peut pas fléchir.
2. **Phénix :** oiseau mythologique immortel, renaissant de ses cendres.
3. **Gabarre :** bâteau transportant des marchandises.

REPÈRES

• Envoyé sous forme manuscrite à Victor Hugo auquel il est dédié dans l'édition de 1861, ce poème était couplé à l'origine avec « Les Petites Vieilles » sous le titre « Fantômes parisiens ».

OBSERVATION

• Faites l'étude des temps employés dans le poème. Quel est le temps dominant ? Relevez les occurrences du passé simple. Montrez en particulier comment le passé simple employé au vers 17 est mis en valeur. Qu'en déduisez-vous ?
• Comme l'indique le titre de la section, ce poème est un tableau de Paris. Relevez les indications descriptives, visuelles, olfactives, etc. Quelle est la tonalité de ce tableau ? De quels éléments se compose-t-il ? Étudiez en particulier la dernière strophe. À quoi fait penser cette vision de Paris ?
• Le vieillard semble brutalement surgir du décor. Étudiez le rythme des strophes 4, 5 et 6. Quel est l'effet produit ?
• Montrez la concordance qui existe entre la décor et le personnage.
• Quelle est la place du poète au sein de ce spectacle ? Montrez que son regard et ses réactions structurent le déroulement et l'organisation du poème.

INTERPRÉTATIONS

• En vous appuyant sur les observations précédentes, montrez que l'évocation de Paris et du vieillard s'apparente au genre fantastique.

La rue de la Montagne-Sainte-Geneviève en 1866.
Croquis d'Albert Maignan.

XCI

LES PETITES VIEILLES

À Victor Hugo.

I

Dans les plis sinueux des vieilles capitales,
Où tout, même l'horreur, tourne aux enchantements,
Je guette, obéissant à mes humeurs fatales,
Des êtres singuliers, décrépits et charmants.

5   Ces monstres disloqués furent jadis des femmes,
Éponine[1] ou Laïs[2] ! Monstres brisés, bossus
Ou tordus, aimons-les ! ce sont encor des âmes.
Sous des jupons troués et sous de froids tissus

Ils rampent, flagellés par les bises iniques[3],
10 Frémissant au fracas roulant des omnibus,
Et serrant sur leur flanc, ainsi que des reliques,
Un petit sac brodé de fleurs ou de rébus ;

Ils trottent, tout pareils à des marionnettes ;
Se traînent, comme font les animaux blessés,
15 Ou dansent, sans vouloir danser, pauvres sonnettes
Où se pend un Démon sans pitié ! Tout cassés

Qu'ils sont, ils ont des yeux perçants comme une vrille[4],
Luisants comme ces trous où l'eau dort dans la nuit ;

---

1. **Éponine** : femme d'un chef gaulois qui mourut pour avoir suivi son mari dans une insurrection contre Rome.
2. **Laïs** : courtisane de Corinthe dans l'Antiquité.
3. **Inique** : inéquitable, injuste.
4. **Vrille** : instrument destiné à percer le bois.

Ils ont les yeux divins de la petite fille
20 Qui s'étonne et qui rit à tout ce qui reluit.

   – Avez-vous observé que maints cercueils de vieilles
Sont presque aussi petits que celui d'un enfant ?
La Mort savante met dans ces bières[1] pareilles
Un symbole d'un goût bizarre et captivant,

25 Et lorsque j'entrevois un fantôme débile[2]
Traversant de Paris le fourmillant tableau,
Il me semble toujours que cet être fragile
S'en va tout doucement vers un nouveau berceau ;

   À moins que, méditant sur la géométrie,
30 Je ne cherche, à l'aspect de ces membres discords[3],
Combien de fois il faut que l'ouvrier varie
La forme de la boîte où l'on met tous ces corps.

   – Ces yeux sont des puits faits d'un million de larmes,
Des creusets[4] qu'un métal refroidi pailleta...
35 Ces yeux mystérieux ont d'invincibles charmes
Pour celui que l'austère Infortune allaita !

1. **Bière** : cercueil.
2. **Débile** : voir note 4, p. 56.
3. **Discord** : discordant, inharmonieux.
4. **Creuset** : récipient où l'on fond et mélange des métaux.

II

De Frascati[1] défunt Vestale[2] enamourée ;
Prêtresse de Thalie[3], hélas ! dont le souffleur
Enterré sait le nom ; célèbre évaporée
40 Que Tivoli[4] jadis ombragea dans sa fleur,

Toutes m'enivrent ! mais parmi ces êtres frêles
Il en est qui, faisant de la douleur un miel,
Ont dit au Dévouement qui leur prêtait ses ailes :
Hippogriffe[5] puissant, mène-moi jusqu'au ciel !

45 L'une, par sa patrie au malheur exercée,
L'autre, que son époux surchargea de douleurs,
L'autre, par son enfant Madone transpercée,
Toutes auraient pu faire un fleuve avec leurs pleurs !

III

Ah ! que j'en ai suivi de ces petites vieilles !
50 Une, entre autres, à l'heure où le soleil tombant
Ensanglante le ciel de blessures vermeilles,
Pensive, s'asseyait à l'écart sur un banc,

Pour entendre un de ces concerts, riches de cuivre,
Dont les soldats parfois inondent nos jardins,
55 Et qui, dans ces soirs d'or où l'on se sent revivre,
Versent quelque héroïsme au cœur des citadins.

---

1. **Frascati** : maison de jeu parisienne, fermée en 1836, la seule où les femmes étaient admises.
2. **Vestale** : à Rome, prêtresse de la déesse Vesta. Les Vestales étaient vierges et faisaient vœu de chasteté.
3. **Thalie :** dans la mythologie grecque, muse de la comédie.
4. **Tivoli :** nom de plusieurs lieux de plaisirs à Paris.
5. **Hippogriffe :** monstre légendaire ailé, moitié cheval, moitié griffon.

Celle-là, droite encor, fière et sentant la règle,
Humait avidement ce chant vif et guerrier ;
Son œil parfois s'ouvrait comme l'œil d'un vieil aigle ;
60 Son front de marbre avait l'air fait pour le laurier !

IV

Telles vous cheminez, stoïques et sans plaintes,
À travers le chaos des vivantes cités,
Mères au cœur saignant, courtisanes ou saintes,
Dont autrefois les noms par tous étaient cités.

65 Vous qui fûtes la grâce ou qui fûtes la gloire,
Nul ne vous reconnaît ! un ivrogne incivil
Vous insulte en passant d'un amour dérisoire ;
Sur vos talons gambade un enfant lâche et vil.

Honteuses d'exister, ombres ratatinées,
70 Peureuses, le dos bas, vous côtoyez les murs ;
Et nul ne vous salue, étranges destinées !
Débris d'humanité pour l'éternité mûrs !

Mais moi, moi qui de loin tendrement vous surveille,
L'œil inquiet, fixé sur vos pas incertains,
75 Tout comme si j'étais votre père, ô merveille !
Je goûte à votre insu des plaisirs clandestins :

Je vois s'épanouir vos passions novices ;
Sombres ou lumineux, je vis vos jours perdus ;
Mon cœur multiplié jouit de tous vos vices !
80 Mon âme resplendit de toutes vos vertus !

Ruines ! ma famille ! ô cerveaux congénères !
Je vous fais chaque soir un solennel adieu !

REPÈRES

• Comme le poème précédent, « Les Petites Vieilles » est dédié à Victor Hugo. Cette vision contrastée de vieilles femmes grotesques et émouvantes constitue un hommage à ce poète. Analysez le titre du poème.

OBSERVATION

• Étudiez le plan du poème et montrez les variations de thèmes, de tonalité, dans les quatre sections.
• Étudiez les pronoms personnels dans le poème. Quelle place le poète occupe-t-il par rapport à la description ? En quoi le lecteur est-il sollicité ?
• Étudiez le vers 1. Quel rapport est établi entre le décor (la ville) et les personnages (les petites vieilles) ?
• Étudiez le champ lexical de la décrépitude. Par quoi cette décrépitude se manifeste-t-elle principalement ? Commentez le rythme des vers 13 à 17.
• Relevez les oxymores employés dans le poème et montrez que la description procède par oppositions et par contraste.
• « Ils ont les yeux divins de la petite fille. » Quel commentaire peut-on faire sur l'emploi du pronom personnel masculin au vers 19 ? Comment le rapprochement entre la vieillesse et l'enfance est-il préparé, puis développé tout au long de l'évocation des petites vieilles ?

INTERPRÉTATIONS

• En quoi ce poème vous paraît-il révélateur de la poétique des *Fleurs du mal* ? En quoi exprime-t-il une conception toute baudelairienne du beau ?

Où serez-vous demain, Èves octogénaires,
Sur qui pèse la griffe effroyable de Dieu ?

XCII

LES AVEUGLES

Contemple-les, mon âme ; ils sont vraiment affreux !
Pareils aux mannequins ; vaguement ridicules ;
Terribles, singuliers comme les somnambules ;
Dardant[1] on ne sait où leurs globes ténébreux.

5 Leurs yeux, d'où la divine étincelle est partie,
Comme s'ils regardaient au loin, restent levés
Au ciel ; on ne les voit jamais vers les pavés
Pencher rêveusement leur tête appesantie.

Ils traversent ainsi le noir illimité,
10 Ce frère du silence éternel. Ô cité !
Pendant qu'autour de nous tu chantes, ris et beugles,

Éprise du plaisir jusqu'à l'atrocité,
Vois ! je me traîne aussi ! mais, plus qu'eux hébété,
Je dis : Que cherchent-ils au Ciel, tous ces aveugles ?

---

1. **Dardant :** dirigeant, pointant.

XCIII

À UNE PASSANTE

La rue assourdissante autour de moi hurlait.
Longue, mince, en grand deuil, douleur majestueuse,
Une femme passa, d'une main fastueuse
Soulevant, balançant le feston[1] et l'ourlet ;

5 Agile et noble, avec sa jambe de statue.
Moi, je buvais, crispé comme un extravagant,
Dans son œil, ciel livide où germe l'ouragan,
La douceur qui fascine et le plaisir qui tue.

Un éclair... puis la nuit ! – Fugitive beauté
10 Dont le regard m'a fait soudainement renaître,
Ne te verrai-je plus que dans l'éternité ?

Ailleurs, bien loin d'ici ! trop tard ! *jamais* peut-être !
Car j'ignore où tu fuis, tu ne sais où je vais,
Ô toi que j'eusse aimée, ô toi qui le savais !

XCIV

LE SQUELETTE LABOUREUR

I

Dans les planches d'anatomie
Qui traînent sur ces quais poudreux[2]

---

1. **Feston :** ornement brodé, en bordure d'un tissu.
2. **Poudreux :** poussiéreux (vieilli).

REPÈRES

• Ce sonnet extrêmement célèbre est l'illustration même de la modernité telle que Baudelaire en 1863 la définit dans son essai sur Constantin Guys intitulé *Le Peintre de la vie moderne* : « La modernité, c'est le transitoire, le fugitif, le contingent, la moitié de l'art, dont l'autre moitié est l'éternel et l'immuable. »

OBSERVATION

• Établissez l'organisation du texte. Étudiez en particulier les temps employés et montrez qu'on peut distinguer deux mouvements dans le poème, en opposant les deux quatrains et les deux tercets.
• Montrez comment est ménagée l'apparition de la femme : analysez le premier vers, ses sonorités, son rythme. En quoi est-il particulièrement frappant ? Étudiez la syntaxe et le rythme des vers 2 à 4. Quel est l'effet produit ?
• Quelles figures de style sont utilisées dans le premier quatrain ? Comment s'organise la vision du poète ?
• Comment peut-on définir le type de beauté de la passante ?
• Montrez l'opposition marquée, dans les deux premiers quatrains, entre le poète et la femme.
• Cette apparition provoque chez le poète un véritable coup de foudre. Comment est-il préparé ? Commentez le premier hémistiche du vers 9.
• Étudiez précisément les temps et les modes employés dans les deux tercets.
• Étudiez le rythme du dernier tercet. Quelle figure de style domine le dernier vers ? Quel est l'effet produit ?

INTERPRÉTATIONS

• En quoi peut-on parler pour ce poème d'une esthétique de la convulsion et de la fragmentation ?

Où maint livre cadavéreux
Dort comme une antique momie,

5 Dessins auxquels la gravité
Et le savoir d'un vieil artiste,
Bien que le sujet en soit triste,
Ont communiqué la Beauté,

On voit, ce qui rend plus complètes
10 Ces mystérieuses horreurs,
Bêchant comme des laboureurs,
Des Écorchés et des Squelettes.

II

De ce terrain que vous fouillez,
Manants[1] résignés et funèbres,
15 De tout l'effort de vos vertèbres,
Ou de vos muscles dépouillés,

Dites, quelle moisson étrange,
Forçats arrachés au charnier,
Tirez-vous, et de quel fermier
20 Avez-vous à remplir la grange ?

Voulez-vous (d'un destin trop dur
Épouvantable et clair emblème !)
Montrer que dans la fosse même
Le sommeil promis n'est pas sûr ;

25 Qu'envers nous le Néant est traître ;
Que tout, même la Mort, nous ment,

---

1. **Manants** : paysans, hommes grossiers.

Et que sempiternellement,
Hélas ! il nous faudra peut-être

Dans quelque pays inconnu
30 Écorcher la terre revêche
Et pousser une lourde bêche
Sous notre pied sanglant et nu ?

XCV

LE CRÉPUSCULE DU SOIR

Voici le soir charmant, ami du criminel ;
Il vient comme un complice, à pas de loup ; le ciel
Se ferme lentement comme une grande alcôve,
Et l'homme impatient se change en bête fauve.

5 Ô soir, aimable soir, désiré par celui
Dont les bras, sans mentir, peuvent dire : Aujourd'hui
Nous avons travaillé ! – C'est le soir qui soulage
Les esprits que dévore une douleur sauvage,
Le savant obstiné dont le front s'alourdit,
10 Et l'ouvrier courbé qui regagne son lit.
Cependant des démons malsains dans l'atmosphère
S'éveillent lourdement, comme des gens d'affaire,
Et cognent en volant les volets et l'auvent[1].
À travers les lueurs que tourmente le vent
15 La Prostitution s'allume dans les rues ;
Comme une fourmilière elle ouvre ses issues ;
Partout elle se fraye un occulte[2] chemin,

---

1. **Auvent :** petit toit qui avance au-dessus d'une porte et d'une fenêtre.
2. **Occulte :** secret.

Ainsi que l'ennemi qui tente un coup de main ;
Elle remue au sein de la cité de fange
20 Comme un ver qui dérobe à l'Homme ce qu'il mange.
On entend çà et là les cuisines siffler,
Les théâtres glapir, les orchestres ronfler ;
Les tables d'hôte, dont le jeu fait les délices,
S'emplissent de catins[1] et d'escrocs, leurs complices,
25 Et les voleurs qui n'ont ni trêve ni merci,
Vont bientôt commencer leur travail, eux aussi,
Et forcer doucement les portes et les caisses
Pour vivre quelques jours et vêtir leurs maîtresses.

Recueille-toi, mon âme, en ce grave moment,
30 Et ferme ton oreille à ce rugissement.
C'est l'heure où les douleurs des malades s'aigrissent !
La sombre Nuit les prend à la gorge ; ils finissent
Leur destinée et vont vers le gouffre commun ;
L'hôpital se remplit de leurs soupirs. – Plus d'un
35 Ne viendra plus chercher la soupe parfumée,
Au coin du feu, le soir, auprès d'une âme aimée.

Encore la plupart n'ont-ils jamais connu
La douceur du foyer et n'ont jamais vécu !

XCVI

LE JEU

Dans des fauteuils fanés des courtisanes vieilles,
Pâles, le sourcil peint, l'œil câlin et fatal,
Minaudant, et faisant de leurs maigres oreilles
Tomber un cliquetis de pierre et de métal ;

---

1. **Catin** : prostituée.

5 Autour des verts tapis des visages sans lèvre,
Des lèvres sans couleur, des mâchoires sans dent,
Et des doigts convulsés d'une infernale fièvre,
Fouillant la poche vide ou le sein palpitant ;

Sous de sales plafonds un rang de pâles lustres
10 Et d'énormes quinquets[1] projetant leurs lueurs
Sur des fronts ténébreux de poètes illustres
Qui viennent gaspiller leurs sanglantes sueurs ;

Voilà le noir tableau qu'en un rêve nocturne
Je vis se dérouler sous mon œil clairvoyant.
15 Moi-même, dans un coin de l'antre taciturne,
Je me vis accoudé, froid, muet, enviant,

Enviant de ces gens la passion tenace,
De ces vieilles putains la funèbre gaieté,
Et tous gaillardement trafiquant à ma face,
20 L'un de son vieil honneur, l'autre de sa beauté !

Et mon cœur s'effraya d'envier maint pauvre homme
Courant avec ferveur à l'abîme béant,
Et qui, soûl de son sang, préférerait en somme
La douleur à la mort et l'enfer au néant !

---

1. **Quinquet :** lampe à huile.

XCVII

DANSE MACABRE

À Ernest Christophe.

Fière, autant qu'un vivant, de sa noble stature,
Avec son gros bouquet, son mouchoir et ses gants,
Elle a la nonchalance et la désinvolture
D'une coquette maigre aux airs extravagants.

5 Vit-on jamais au bal une taille plus mince ?
Sa robe exagérée, en sa royale ampleur,
S'écroule abondamment sur un pied sec que pince
Un soulier pomponné, joli comme une fleur.

La ruche[1] qui se joue au bord des clavicules[2],
10 Comme un ruisseau lascif[3] qui se frotte au rocher,
Défend pudiquement des lazzi[4] ridicules
Les funèbres appas[5] qu'elle tient à cacher.

Ses yeux profonds sont faits de vide et de ténèbres,
Et son crâne, de fleurs artistement coiffé,
15 Oscille mollement sur ses frêles vertèbres.
Ô charme d'un néant follement attifé[6] !

Aucuns[7] t'appelleront une caricature,
Qui ne comprennent pas, amants ivres de chair,

---

1. **Ruche** : bande d'étoffe plissée utilisée comme ornement dans la toilette féminine.
2. **Clavicule** : os des épaules.
3. **Lascif** : sensuel, voluptueux.
4. **Lazzi** : moqueries piquantes.
5. **Appas** : voir note 4, p. 39.
6. **Attifé** : habillé.
7. **Aucuns** : quelques-uns.

La Danse macabre, *illustration de Georges Rouault (1871-1958)*
pour les Fleurs du mal – L'Étoile filante – 1966.
Bibliothèque nationale, Paris.

L'élégance sans nom de l'humaine armature.
20 Tu réponds, grand squelette, à mon goût le plus cher !

Viens-tu troubler, avec ta puissante grimace,
La fête de la Vie ? ou quelque vieux désir,
Éperonnant encor ta vivante carcasse,
Te pousse-t-il, crédule, au sabbat[1] du Plaisir ?

25 Au chant des violons, aux flammes des bougies,
Espères-tu chasser ton cauchemar moqueur,
Et viens-tu demander au torrent des orgies
De rafraîchir l'enfer allumé dans ton cœur ?

Inépuisable puits de sottise et de fautes !
30 De l'antique douleur éternel alambic[2] !
À travers le treillis[3] recourbé de tes côtes
Je vois, errant encor, l'insatiable aspic[4].

Pour dire vrai, je crains que ta coquetterie
Ne trouve pas un prix digne de ses efforts ;
35 Qui, de ces cœurs mortels, entend la raillerie ?
Les charmes de l'horreur n'enivrent que les forts !

Le gouffre de tes yeux, plein d'horribles pensées,
Exhale le vertige, et les danseurs prudents
Ne contempleront pas sans d'amères nausées
40 Le sourire éternel de tes trente-deux dents.

Pourtant, qui n'a serré dans ses bras un squelette,
Et qui ne s'est nourri des choses du tombeau ?

---

1. **Sabbat :** réunion de sorcières.
2. **Alambic :** appareil à distiller de l'alcool.
3. **Treillis :** entrecroisement, entrelacement.
4. **Aspic :** serpent venimeux.

Qu'importe le parfum, l'habit ou la toilette ?
Qui fait le dégoûté montre qu'il se croit beau.

45 Bayadère[1] sans nez, irrésistible gouge[2],
Dis donc à ces danseurs qui font les offusqués :
« Fiers mignons, malgré l'art des poudres et du rouge
Vous sentez tous la mort ! Ô squelettes musqués[3],

« Antinoüs[4] flétris, dandys à face glabre[5],
50 Cadavres vernissés, lovelaces[6] chenus[7],
Le branle[8] universel de la danse macabre
Vous entraîne en des lieux qui ne sont pas connus !

« Des quais froids de la Seine au bords brûlants du Gange,
Le troupeau mortel saute et se pâme, sans voir
55 Dans un trou du plafond la trompette de l'Ange[9]
Sinistrement béante ainsi qu'un tromblon[10] noir.

« En tout climat, sous tout soleil, la Mort t'admire
En tes contorsions, risible Humanité,
Et souvent, comme toi, se parfumant de myrrhe[11],
60 Mêle son ironie à ton insanité[12] ! »

---

1. **Bayadère** : danseuse sacrée de l'Inde.
2. **Gouge** : prostituée.
3. **Musqué** : qui sent le musc (voir note 3, p. 52).
4. **Antinoüs** : jeune romain aimé de l'empereur Hadrien (76-138 ap. J.-C.).
5. **Glabre** : sans poils.
6. **Lovelaces** : séducteurs sans scrupule.
7. **Chenus** : dont les cheveux ont blanchi avec l'âge.
8. **Branle** : danse pratiquée en France, de la fin du Moyen Âge à la fin du XVIIe siècle.
9. **L'Ange** : l'ange du Jugement dernier, qui annoncera la fin des temps.
10. **Tromblon** : arme à feu dont le canon évasé évoque la forme d'une trompette.
11. **Myrrhe** : voir note 5, p. 44.
12. **Insanité** : folie.

XCVIII

L'AMOUR DU MENSONGE

Quand je te vois passer, ô ma chère indolente[1],
Au chant des instruments qui se brise au plafond
Suspendant ton allure harmonieuse et lente,
Et promenant l'ennui de ton regard profond ;

5 Quand je contemple, aux feux du gaz qui le colore,
Ton front pâle, embelli par un morbide attrait,
Où les torches du soir allument une aurore,
Et tes yeux attirants comme ceux d'un portrait,

Je me dis : Qu'elle est belle ! et bizarrement fraîche !
10 Le souvenir massif, royale et lourde tour,
La couronne, et son cœur, meurtri comme une pêche,
Est mûr, comme son corps, pour le savant amour.

Es-tu le fruit d'automne aux saveurs souveraines ?
Es-tu vase funèbre attendant quelques pleurs,
15 Parfum qui fait rêver aux oasis lointaines,
Oreiller caressant, ou corbeille de fleurs ?

Je sais qu'il est des yeux, des plus mélancoliques,
Qui ne recèlent point de secrets précieux ;
Beaux écrins sans joyaux, médaillons sans reliques[2],
20 Plus vides, plus profonds que vous-mêmes, ô Cieux !

Mais ne suffit-il pas que tu sois l'apparence,
Pour réjouir un cœur qui fuit la vérité ?

---

1. **Indolente** : voir note 3, p. 48.
2. **Reliques** : fragments du corps d'un saint, conservés et vénérés par les croyants.

Qu'importe ta bêtise ou ton indifférence ?
Masque ou décor, salut ! J'adore ta beauté.

XCIX

Je n'ai pas oublié, voisine de la ville,
Notre blanche maison, petite mais tranquille ;
Sa Pomone[1] de plâtre et sa vieille Vénus
Dans un bosquet chétif cachant leurs membres nus,
5 Et le soleil, le soir, ruisselant et superbe,
Qui, derrière la vitre où se brisait sa gerbe,
Semblait, grand œil ouvert dans le ciel curieux,
Contempler nos dîners longs et silencieux,
Répandant largement ses beaux reflets de cierge
10 Sur la nappe frugale et les rideaux de serge[2].

C

La servante au grand cœur dont vous étiez jalouse,
Et qui dort son sommeil sous une humble pelouse,
Nous devrions pourtant lui porter quelques fleurs.
Les morts, les pauvres morts, ont de grandes douleurs,
5 Et quand Octobre souffle, émondeur[3] des vieux arbres,
Son vent mélancolique à l'entour de leurs marbres,
Certe, ils doivent trouver les vivants bien ingrats,
À dormir, comme ils font, chaudement dans leurs draps,
Tandis que, dévorés de noires songeries,
10 Sans compagnon de lit, sans bonnes causeries,

---

1. **Pomone** : dans la mythologie romaine, déesse des fruits.
2. **Serge** : étoffe grossière à tissage serré.
3. **Émondeur** : personne qui dépouille un arbre de ses branches mortes et des plantes parasites.

Vieux squelettes gelés travaillés par le ver,
Ils sentent s'égoutter les neiges de l'hiver
Et le siècle couler, sans qu'amis ni famille
Remplacent les lambeaux qui pendent à leur grille.

15 Lorsque la bûche siffle et chante, si le soir,
Calme, dans le fauteuil je la voyais s'asseoir,
Si, par une nuit bleue et froide de décembre,
Je la trouvais tapie en un coin de ma chambre,
Grave, et venant du fond de son lit éternel
20 Couver l'enfant grandi de son œil maternel,
Que pourrais-je répondre à cette âme pieuse,
Voyant tomber des pleurs de sa paupière creuse ?

CI

BRUMES ET PLUIES

Ô fins d'automne, hivers, printemps trempés de boue
Endormeuses saisons ! je vous aime et vous loue
D'envelopper ainsi mon cœur et mon cerveau
D'un linceul vaporeux et d'un vague tombeau.

5 Dans cette grande plaine où l'autan[1] froid se joue,
Où par les longues nuits la girouette s'enroue,
Mon âme mieux qu'au temps du tiède renouveau
Ouvrira largement ses ailes de corbeau.

Rien n'est plus doux au cœur plein de choses funèbres,
10 Et sur qui dès longtemps descendent les frimas[2],
Ô blafardes saisons, reines de nos climats,

---

1. **Autan** : voir note 5, p. 71.
2. **Frimas** : voir note 1, p. 109.

Que l'aspect permanent de vos pâles ténèbres,
– Si ce n'est, par un soir sans lune, deux à deux,
D'endormir la douleur sur un lit hasardeux.

CII

RÊVE PARISIEN

À Constantin Guys.

I

De ce terrible paysage,
Tel que jamais mortel n'en vit,
Ce matin encore l'image,
Vague et lointaine, me ravit.

5 Le sommeil est plein de miracles !
Par un caprice singulier,
J'avais banni de ces spectacles
Le végétal irrégulier,

Et, peintre fier de mon génie,
10 Je savourais dans mon tableau
L'enivrante monotonie
Du métal, du marbre et de l'eau.

Babel[1] d'escaliers et d'arcades,
C'était un palais infini,
15 Plein de bassins et de cascades
Tombant dans l'or mat ou bruni ;

---

1. **Babel** : la gigantesque tour de Babel fut édifiée par les hommes pour égaler Dieu. Elle est le symbole de leur orgueil et de leur démesure.

Et des cataractes[1] pesantes,
Comme des rideaux de cristal,
Se suspendaient, éblouissantes,
20 À des murailles de métal.

Non d'arbres, mais de colonnades
Les étangs dormants s'entouraient,
Où de gigantesques naïades[2],
Comme des femmes, se miraient.

25 Des nappes d'eau s'épanchaient, bleues,
Entre des quais roses et verts,
Pendant des millions de lieues,
Vers les confins de l'univers ;

C'étaient des pierres inouïes
30 Et des flots magiques ; c'étaient
D'immenses glaces éblouies
Par tout ce qu'elles reflétaient !

Insouciants et taciturnes,
Des Ganges[3], dans le firmament,
35 Versaient le trésor de leurs urnes
Dans des gouffres de diamant.

Architecte de mes féeries,
Je faisais, à ma volonté,
Sous un tunnel de pierreries
40 Passer un océan dompté ;

Et tout, même la couleur noire,
Semblait fourbi, clair, irisé ;

---

1. **Cataractes** : chutes d'eau.
2. **Naïades** : divinités des rivières.
3. **Ganges** : fleuve sacré, le Gange est un des principaux cours d'eau de l'Inde.

Le liquide enchâssait sa gloire
Dans le rayon cristallisé.

45 Nul astre d'ailleurs, nuls vestiges
De soleil, même au bas du ciel,
Pour illuminer ces prodiges,
Qui brillaient d'un feu personnel !

Et sur ces mouvantes merveilles
50 Planait (terrible nouveauté !
Tout pour l'œil, rien pour les oreilles !)
Un silence d'éternité.

II

En rouvrant mes yeux pleins de flamme
J'ai vu l'horreur de mon taudis,
55 Et senti, rentrant dans mon âme,
La pointe des soucis maudits ;

La pendule aux accents funèbres
Sonnait brutalement midi,
Et le ciel versait des ténèbres
60 Sur le triste monde engourdi.

CIII

LE CRÉPUSCULE DU MATIN

La diane[1] chantait dans les cours des casernes,
Et le vent du matin soufflait sur les lanternes.

---

1. **Diane** : voir note 2, p. 124.

C'était l'heure où l'essaim des rêves malfaisants
Tord sur leurs oreillers les bruns adolescents ;
5 Où, comme un œil sanglant qui palpite et qui bouge,
La lampe sur le jour fait une tache rouge ;
Où l'âme, sous le poids du corps revêche et lourd,
Imite les combats de la lampe et du jour.
Comme un visage en pleurs que les brises essuient,
10 L'air est plein du frisson des choses qui s'enfuient,
Et l'homme est las d'écrire et la femme d'aimer.

Les maisons çà et là commençaient à fumer.
Les femmes de plaisir, la paupière livide,
Bouche ouverte, dormaient de leur sommeil stupide ;
15 Les pauvresses, traînant leurs seins maigres et froids,
Soufflaient sur leurs tisons et soufflaient sur leurs doigts.
C'était l'heure où parmi le froid et la lésine[1]
S'aggravent les douleurs des femmes en gésine[2] ;
Comme un sanglot coupé par un sang écumeux
20 Le chant du coq au loin déchirait l'air brumeux ;
Une mer de brouillards baignait les édifices,
Et les agonisants dans le fond des hospices
Poussaient leur dernier râle en hoquets inégaux.
Les débauchés rentraient, brisés par leurs travaux.

25 L'aurore grelottante en robe rose et verte
S'avançait lentement sur la Seine déserte,
Et le sombre Paris, en se frottant les yeux,
Empoignait ses outils, vieillard laborieux.

---

1. **Lésine :** voir note 1, p. 39.
2. **Gésine :** accouchement.

SYNTHÈSE

La modernité

Les « Tableaux parisiens » sont la seule section nouvelle des *Fleurs du mal* dans l'édition de 1861. Huit des dix-huit poèmes de l'édition de 1857 ont été déplacés, dix sont nouveaux. Composés en même temps que les poèmes en prose du *Spleen de Paris*, ils répondent au projet de dépeindre une vie moderne, à travers la capitale, en pleine mutation au milieu du XIXᵉ siècle, sous les travaux décidés par le préfet Haussmann. Ce n'est pourtant pas dans la description des usines, de l'urbanisme ou de la technologie modernes que réside le sens de la modernité selon Baudelaire. C'est plus dans le pittoresque qui se dégage de la grande ville, conformément à la définition que Baudelaire donne de la modernité dans son étude sur Constantin Guys, intitulée *Le Peintre de la vie moderne* : « La modernité, c'est le transitoire, le fugitif, le contingent, la moitié de l'art, dont l'autre moitié est l'éternel et l'immuable. »

La foule

Significativement les trois premiers poèmes des « Tableaux parisiens » (« Le Cygne », « Les Sept Vieillards » et « Les Petites Vieilles ») sont dédiés à Victor Hugo. À l'image de ce prédécesseur pour lequel il oscille entre admiration et critique, Baudelaire a pour ambition de peindre la foule urbaine. Mais la position du poète à l'égard de cette foule n'est pas la même : Baudelaire se veut avant tout témoin, observateur de la capitale, alors qu'Hugo donne à ce regard une dimension plus politique. Le cygne, les vieillards, les petites vieilles, pour qui il éprouve un sentiment qui n'est pas loin de la sympathie, sont pour lui autant d'occasions d'observer, dans le concret de la vie urbaine, le spleen et le mal qu'il est allé puiser au fond de son cœur. L'observation se mue chez lui en identification et le témoin finit par se fondre dans le tableau qu'il décrit, par lui correspondre. C'est pourquoi ses sujets privilégiés sont les exilés, comme Andromaque, les exclus, les laissés-pour-compte de la vie moderne, vieillards, miséreux, ou les marginaux comme les prostituées, ou encore le prolétariat, qui fait, en cette seconde moitié du XIXᵉ siècle, son entrée en littérature. Il ne s'agit pas pour autant chez Baudelaire d'une poésie engagée, qu'elle soit sociale ou politique, mais encore une fois de dépeindre le mal dans les manifestations les plus quotidiennes et les plus concrètes de la souffrance.

Le thème du regard

D'où l'importance du thème du regard dans les « Tableaux parisiens », qu'il s'agisse du regard du poète, propre à capter l'apparition fulgurante d'une inconnue sur un trottoir (« À une passante »), l'horreur des vieillards, ou encore les paysages brumeux de la ville aux différents moments de la journée (« Crépuscule du soir », « Crépuscule du matin ») ou du regard des créatures elles-mêmes (« Les Petites Vieilles », « À une passante », « Les Aveugles »). Ce regard ne s'arrête pas au pittoresque ou à l'émotion brute des objets qu'il rencontre. La description le plus souvent s'allégorise, ou se transmue en une vision quasi fantastique, voire onirique (« Rêve parisien »). Car là encore, c'est dans le bizarre, dans le difforme que le poète cherche la beauté. Par ailleurs, prenant en quelque sorte le contrepied du souffle sentimental et misérabiliste de Hugo, c'est en haussant ces figures grotesques aux dimensions de l'éternel que Baudelaire entend rendre un hommage admiratif aux victimes de la civilisation moderne.

Baudelaire dessiné par Paul Verlaine.

LE VIN

CIV

L'ÂME DU VIN

Un soir, l'âme du vin chantait dans les bouteilles :
« Homme, vers toi je pousse, ô cher déshérité,
Sous ma prison de verre et mes cires vermeilles,
Un chant plein de lumière et de fraternité !

5 « Je sais combien il faut, sur la colline en flamme,
De peine, de sueur et de soleil cuisant
Pour engendrer ma vie et pour me donner l'âme ;
Mais je ne serai point ingrat ni malfaisant,

« Car j'éprouve une joie immense quand je tombe
10 Dans le gosier d'un homme usé par ses travaux,
Et sa chaude poitrine est une douce tombe
Où je me plais bien mieux que dans mes froids caveaux.

« Entends-tu retentir les refrains des dimanches
Et l'espoir qui gazouille en mon sein palpitant ?
15 Les coudes sur la table et retroussant tes manches,
Tu me glorifieras et tu seras content ;

« J'allumerai les yeux de ta femme ravie ;
À ton fils je rendrai sa force et ses couleurs
Et serai pour ce frêle athlète de la vie
20 L'huile qui raffermit les muscles des lutteurs.

« En toi je tomberai, végétale ambroisie[1],
Grain précieux jeté par l'éternel Semeur[2],
Pour que de notre amour naisse la poésie
Qui jaillira vers Dieu comme une rare fleur ! »

CV

LE VIN DES CHIFFONNIERS

Souvent, à la clarté rouge d'un réverbère
Dont le vent bat la flamme et tourmente le verre,
Au cœur d'un vieux faubourg, labyrinthe fangeux[3]
Où l'humanité grouille en ferments orageux,

5 On voit un chiffonnier qui vient, hochant la tête,
Butant, et se cognant aux murs comme un poète,
Et, sans prendre souci des mouchards[4], ses sujets,
Épanche tout son cœur en glorieux projets.

Il prête des serments, dicte des lois sublimes,
10 Terrasse les méchants, relève les victimes,
Et sous le firmament comme un dais suspendu
S'enivre des splendeurs de sa propre vertu.

Oui, ces gens harcelés de chagrins de ménage,
Moulus par le travail et tourmentés par l'âge,
15 Éreintés et pliant sous un tas de débris,
Vomissement confus de l'énorme Paris,

---

1. **Ambroisie** : voir note 2, p. 44.
2. **Éternel Semeur** : Dieu.
3. **Fangeux** : boueux.
4. **Mouchards** : espions, délateurs utilisés par la police.

Reviennent, parfumés d'une odeur de futailles[1],
Suivis de compagnons, blanchis dans les batailles,
Dont la moustache pend comme les vieux drapeaux.
20 Les bannières, les fleurs et les arcs triomphaux

Se dressent devant eux, solennelle magie !
Et dans l'étourdissante et lumineuse orgie
Des clairons, du soleil, des cris et du tambour,
Ils apportent la gloire au peuple ivre d'amour !

25 C'est ainsi qu'à travers l'Humanité frivole
Le vin roule de l'or, éblouissant Pactole[2] ;
Par le gosier de l'homme il chante ses exploits
Et règne par ses dons ainsi que les vrais rois.

Pour noyer la rancœur et bercer l'indolence
30 De tous ces vieux maudits qui meurent en silence,
Dieu, touché de remords, avait fait le sommeil ;
L'Homme ajouta le Vin, fils sacré du Soleil !

CVI

LE VIN DE L'ASSASSIN

Ma femme est morte, je suis libre !
Je puis donc boire tout mon soûl.
Lorsque je rentrais sans un sou,
Ses cris me déchiraient la fibre.

---

1. **Futailles** : tonneaux, barriques contenant du vin ou de l'alcool.
2. **Pactole** : fleuve d'Asie Mineure réputé charrier des paillettes d'or parce que le roi Midas (voir note 2, p. 146) s'y était baigné.

5 Autant qu'un roi je suis heureux ;
 L'air est pur, le ciel admirable...
 Nous avions un été semblable
 Lorsque j'en devins amoureux !

 L'horrible soif qui me déchire
10 Aurait besoin pour s'assouvir
 D'autant de vin qu'en peut tenir
 Son tombeau ; – ce n'est pas peu dire :

 Je l'ai jetée au fond d'un puits,
 Et j'ai même poussé sur elle
15 Tous les pavés de la margelle.
 – Je l'oublierai si je le puis !

 Au nom des serments de tendresse,
 Dont rien ne peut nous délier,
 Et pour nous réconcilier
20 Comme au beau temps de notre ivresse,

 J'implorai d'elle un rendez-vous,
 Le soir, sur une route obscure.
 Elle y vint ! – folle créature !
 Nous sommes tous plus ou moins fous !

25 Elle était encore jolie,
 Quoique bien fatiguée ! et moi,
 Je l'aimais trop ! voilà pourquoi
 Je lui dis : Sors de cette vie !

 Nul ne peut me comprendre. Un seul
30 Parmi ces ivrognes stupides
 Songea-t-il dans ses nuits morbides
 À faire du vin un linceul ?

Cette crapule invulnérable
Comme les machines de fer
35 Jamais, ni l'été ni l'hiver,
N'a connu l'amour véritable,

Avec ses noirs enchantements,
Son cortège infernal d'alarmes,
Ses fioles de poison, ses larmes,
40 Ses bruits de chaîne et d'ossements !

– Me voilà libre et solitaire !
Je serai ce soir ivre mort ;
Alors, sans peur et sans remords,
Je me coucherai sur la terre,

45 Et je dormirai comme un chien !
Le chariot aux lourdes roues
Chargé de pierres et de boues,
Le wagon enragé peut bien

Écraser ma tête coupable
50 Ou me couper par le milieu,
Je m'en moque comme de Dieu,
Du Diable ou de la Sainte Table[1] !

CVII

LE VIN DU SOLITAIRE

Le regard singulier d'une femme galante
Qui se glisse vers nous comme le rayon blanc

---

1. **Sainte Table :** l'autel.

Que la lune onduleuse envoie au lac tremblant,
Quand elle y veut baigner sa beauté nonchalante ;

5 Le dernier sac d'écus dans les doigts d'un joueur ;
Un baiser libertin de la maigre Adeline ;
Les sons d'une musique énervante et câline,
Semblable au cri lointain de l'humaine douleur,

Tout cela ne vaut pas, ô bouteille profonde,
10 Les baumes pénétrants que ta panse féconde
Garde au cœur altéré du poète pieux ;

Tu lui verses l'espoir, la jeunesse et la vie,
– Et l'orgueil, ce trésor de toute gueuserie,
Qui nous rend triomphants et semblables aux Dieux !

CVIII

LE VIN DES AMANTS

Aujourd'hui l'espace est splendide !
Sans mors, sans éperons, sans bride,
Partons à cheval sur le vin
Pour un ciel féerique et divin !

5 Comme deux anges que torture
Une implacable calenture[1],
Dans le bleu cristal du matin
Suivons le mirage lointain !

---

1. **Calenture** : délire qui frappe les navigateurs exposés au soleil ardent des zones tropicales.

Mollement balancés sur l'aile
10   Du tourbillon intelligent,
Dans un délire parallèle,

Ma sœur, côte à côte nageant,
Nous fuirons sans repos ni trêves
Vers le paradis de mes rêves !

Place de la section dans le recueil

« Le Vin » occupait dans l'édition de 1857 des *Fleurs du mal* la quatrième place, juste avant « La Mort ». Les poèmes représentaient une sorte d'ultime tentative pour trouver un salut dans le monde. L'édition de 1861 en font la troisième section, précédant les sections « Fleurs du mal », « Révolte » et « La Mort », ce qui modifie la façon dont on peut l'appréhender. On peut donc y voir une sorte de pause, sur un parcours négatif vers la quête des « Fleurs du mal », l'échec de « Révolte » et l'ultime voyage de « La Mort ». Composée seulement de cinq poèmes, c'est, après « Révolte », la section la plus courte du recueil.

Les paradis artificiels

Comme l'opium et le haschisch, auxquels Baudelaire l'a parfois comparé, le vin fait partie des paradis artificiels. Pourtant les deux substances propres à créer chez celui qui en consomme un état extatique ne sont pas du tout pour lui sur le même plan. En témoigne cet extrait des *Paradis artificiels* : « … le vin est fait pour le peuple qui travaille et qui mérite d'en boire. Le haschisch appartient à la classe des joies solitaires ; il est fait pour les misérables oisifs. Le vin est utile, il produit des résultats fructifiants. Le haschisch est inutile et dangereux. » Il est d'ailleurs significatif que seuls quelques rares poèmes des *Fleurs du mal* fassent allusion à des drogues comme l'opium ou le haschisch (« Le Poison », « Le Voyage »), tandis qu'une section entière, même courte, est consacrée au vin. Accessoirement, mentionnons aussi que, contrairement à la légende du poète maudit, Baudelaire ne fut pas grand consommateur de drogues. S'il fit l'expérience de l'opium et du haschisch, il n'en fut jamais dépendant et ce n'est qu'à la fin de sa vie, pour soulager le mal qui le rongeait, qu'il se mit à consommer de l'eau-de-vie.

Les pouvoirs du vin

Quatre des cinq poèmes de la section montrent les pouvoirs bénéfiques du vin : pouvoir de stimuler la création artistique (« En toi je tomberai, végétale ambroisie, / Grain précieux jeté par l'éternel

Semeur, / Pour que de notre amour naisse la poésie / Qui jaillira vers Dieu comme une rare fleur ! », « L'Âme du vin »), pouvoir d'évasion des amants dans un monde imaginaire (« Le Vin des amants »). Seul « Le Vin de l'assassin », récit d'un meurtre commis sous l'emprise de l'alcool, montre les possibles effets négatifs de cette boisson. Liqueur propre à produire une ivresse analogue à celle de la poésie, le vin est aussi chargé d'une valeur sacrée. Équivalent du sang du Christ dans la tradition catholique, qui n'est jamais totalement absente de l'imaginaire baudelairien, le vin est un liquide divin, qu'on peut assimiler à la poésie elle-même.

Femmes damnées.
Marco de Gastyne, Salon de 1920.

FLEURS DU MAL

CIX

LA DESTRUCTION

Sans cesse à mes côtés s'agite le Démon ;
Il nage autour de moi comme un air impalpable ;
Je l'avale et le sens qui brûle mon poumon
Et l'emplit d'un désir éternel et coupable.

5 Parfois il prend, sachant mon grand amour de l'Art,
La forme de la plus séduisante des femmes,
Et, sous de spécieux[1] prétextes de cafard[2],
Accoutume ma lèvre à des philtres infâmes.

Il me conduit ainsi, loin du regard de Dieu,
10 Haletant et brisé de fatigue, au milieu
Des plaines de l'Ennui, profondes et désertes,

Et jette dans mes yeux pleins de confusion
Des vêtements souillés, des blessures ouvertes,
Et l'appareil sanglant de la Destruction !

---

1. **Spécieux :** qui cherche à tromper, sous une apparence de vérité.
2. **Cafard :** personne sournoise et hypocrite (sens vieilli).

CX

UNE MARTYRE

DESSIN D'UN MAÎTRE INCONNU

Au milieu des flacons, des étoffes lamées[1]
    Et des meubles voluptueux,
Des marbres, des tableaux, des robes parfumées
    Qui traînent à plis somptueux,

5 Dans une chambre tiède où, comme en une serre,
    L'air est dangereux et fatal,
Où des bouquets mourants dans leurs cercueils de verre
    Exhalent leur soupir final,

Un cadavre sans tête épanche, comme un fleuve,
10   Sur l'oreiller désaltéré
Un sang rouge et vivant, dont la toile s'abreuve
    Avec l'avidité d'un pré.

Semblable aux visions pâles qu'enfante l'ombre
    Et qui nous enchaînent les yeux,
15 La tête, avec l'amas de sa crinière sombre
    Et de ses bijoux précieux,

Sur la table de nuit, comme une renoncule[2],
    Repose ; et, vide de pensers,
Un regard vague et blanc comme le crépuscule
20   S'échappe des yeux révulsés.

Sur le lit, le tronc nu sans scrupules étale
    Dans le plus complet abandon

---

1. **Lamées :** voir note 4, p. 106.
2. **Renoncule :** plante aquatique.

La secrète splendeur et la beauté fatale
    Dont la nature lui fit don ;

25 Un bas rosâtre, orné de coins d'or, à la jambe,
    Comme un souvenir est resté ;
La jarretière, ainsi qu'un œil secret qui flambe,
    Darde[1] un regard diamanté.

Le singulier aspect de cette solitude
30   Et d'un grand portrait langoureux,
Aux yeux provocateurs comme son attitude,
    Révèle un amour ténébreux,

Une coupable joie et des fêtes étranges
    Pleines de baisers infernaux,
35 Dont se réjouissait l'essaim des mauvais anges
    Nageant dans les plis des rideaux ;

Et cependant, à voir la maigreur élégante
    De l'épaule au contour heurté,
La hanche un peu pointue et la taille fringante
40   Ainsi qu'un reptile irrité,

Elle est bien jeune encor ! – Son âme exaspérée
    Et ses sens par l'ennui mordus
S'étaient-ils entr'ouverts à la meute altérée
    Des désirs errants et perdus ?

45 L'homme vindicatif que tu n'as pu, vivante,
    Malgré tant d'amour, assouvir,
Combla-t-il sur ta chair inerte et complaisante
    L'immensité de son désir ?

---

1. **Darde :** voir note 1, p. 147.

Réponds, cadavre impur ! et par tes tresses roides[1]
50 Te soulevant d'un bras fiévreux,
Dis-moi, tête effrayante, a-t-il sur tes dents froides
   Collé les suprêmes adieux ?

– Loin du monde railleur, loin de la foule impure,
   Loin des magistrats curieux,
55 Dors en paix, dors en paix, étrange créature,
   Dans ton tombeau mystérieux ;

Ton époux court le monde, et ta forme immortelle
   Veille près de lui quand il dort ;
Autant que toi sans doute il te sera fidèle,
60 Et constant jusques à la mort.

CXI

FEMMES DAMNÉES

Comme un bétail pensif sur le sable couchées,
Elles tournent leurs yeux vers l'horizon des mers,
Et leurs pieds se cherchant et leurs mains rapprochées
Ont de douces langueurs et des frissons amers.

5 Les unes, cœurs épris des longues confidences,
Dans le fond des bosquets où jasent[2] les ruisseaux,
Vont épelant l'amour des craintives enfances
Et creusent le bois vert des jeunes arbrisseaux ;

---

1. **Roide** : raide (vieilli).
2. **Jaser** : babiller (se dit pour décrire le cri de certains oiseaux comme la pie ou le geai).

D'autres, comme des sœurs, marchent lentes et graves
10 À travers les rochers pleins d'apparitions,
Où saint Antoine a vu surgir comme des laves
Les seins nus et pourprés de ses tentations ;

Il en est, aux lueurs des résines[1] croulantes,
Qui dans le creux muet des vieux antres païens
15 T'appellent au secours de leurs fièvres hurlantes,
Ô Bacchus, endormeur des remords anciens !

Et d'autres, dont la gorge aime les scapulaires[2],
Qui, recélant[3] un fouet sous leurs longs vêtements,
Mêlent, dans le bois sombre et les nuits solitaires,
20 L'écume du plaisir aux larmes des tourments.

Ô vierges, ô démons, ô monstres, ô martyres,
De la réalité grands esprits contempteurs[4],
Chercheuses d'infini, dévotes et satyres,
Tantôt pleines de cris, tantôt pleines de pleurs,

25 Vous que dans votre enfer mon âme a poursuivies,
Pauvres sœurs, je vous aime autant que je vous plains,
Pour vos mornes douleurs, vos soifs inassouvies,
Et les urnes d'amour dont vos grands cœurs sont pleins !

---

1. **Résines** : désigne, par métonymie, les flambeaux qui utilisent de la résine comme combustible.
2. **Scapulaire** : vêtement religieux composé de deux morceaux d'étoffe reliés par des lanières qui s'attachent autour du cou.
3. **Recélant** : renfermant, gardant caché.
4. **Contempteurs** : qui critiquent, qui dénigrent.

CXII

LES DEUX BONNES SŒURS

La Débauche et la Mort sont deux aimables filles,
Prodigues de baisers et riches de santé,
Dont le flanc toujours vierge et drapé de guenilles
Sous l'éternel labeur n'a jamais enfanté.

5 Au poète sinistre, ennemi des familles,
Favori de l'enfer, courtisan mal renté,
Tombeaux et lupanars[1] montrent sous leurs charmilles[2]
Un lit que le remords n'a jamais fréquenté.

Et la bière et l'alcôve en blasphèmes fécondes
10 Nous offrent tour à tour, comme deux bonnes sœurs,
De terribles plaisirs et d'affreuses douceurs.

Quand veux-tu m'enterrer, Débauche aux bras immondes ?
Ô Mort, quand viendras-tu, sa rivale en attraits,
Sur ses myrtes[3] infects enter[4] tes noirs cyprès ?

CXIII

LA FONTAINE DE SANG

Il me semble parfois que mon sang coule à flots,
Ainsi qu'une fontaine aux rythmiques sanglots.

---

1. **Lupanars** : lieux de prostitution.
2. **Charmilles** : haies formées de charmes (petits arbres à bois blanc).
3. **Myrtes** : arbrisseaux à feuilles persistantes. Avec le laurier, emblème de gloire sous l'antiquité.
4. **Enter** : greffer.

Je l'entends bien qui coule avec un long murmure,
Mais je me tâte en vain pour trouver la blessure.

5 À travers la cité, comme dans un champ clos,
Il s'en va, transformant les pavés en îlots,
Désaltérant la soif de chaque créature,
Et partout colorant en rouge la nature.

J'ai demandé souvent à des vins captieux[1]
10 D'endormir pour un jour la terreur qui me mine ;
Le vin rend l'œil plus clair et l'oreille plus fine !

J'ai cherché dans l'amour un sommeil oublieux ;
Mais l'amour n'est pour moi qu'un matelas d'aiguilles
Fait pour donner à boire à ces cruelles filles !

CXIV

ALLÉGORIE

C'est une femme belle et de riche encolure,
Qui laisse dans son vin traîner sa chevelure.
Les griffes de l'amour, les poisons du tripot,
Tout glisse et tout s'émousse au granit de sa peau.
5 Elle rit à la Mort et nargue la Débauche,
Ces monstres dont la main, qui toujours gratte et fauche,
Dans ses jeux destructeurs a pourtant respecté
De ce corps ferme et droit la rude majesté.
Elle marche en déesse et repose en sultane ;
10 Elle a dans le plaisir la foi mahométane[2],
Et dans ses bras ouverts, que remplissent ses seins,

---

1. **Captieux :** qui induit en erreur.
2. **Mahométane :** musulmane.

Elle appelle des yeux la race des humains.
Elle croit, elle sait, cette vierge inféconde
Et pourtant nécessaire à la marche du monde,
15 Que la beauté du corps est un sublime don
Qui de toute infamie arrache le pardon.
Elle ignore l'Enfer comme le Purgatoire,
Et quand l'heure viendra d'entrer dans la Nuit noire,
Elle regardera la face de la Mort,
20 Ainsi qu'un nouveau-né, – sans haine et sans remords.

CXV

LA BÉATRICE[1]

Dans des terrains cendreux, calcinés, sans verdure,
Comme je me plaignais un jour à la nature,
Et que de ma pensée, en vaguant au hasard,
J'aiguisais lentement sur mon cœur le poignard,
5 Je vis en plein midi descendre sur ma tête
Un nuage funèbre et gros d'une tempête,
Qui portait un troupeau de démons vicieux,
Semblables à des nains cruels et curieux.
À me considérer froidement ils se mirent,
10 Et, comme des passants sur un fou qu'ils admirent,
Je les entendis rire et chuchoter entre eux,
En échangeant maint signe et maint clignement d'yeux :

– « Contemplons à loisir cette caricature
Et cette ombre d'Hamlet imitant sa posture,
15 Le regard indécis et les cheveux au vent.
N'est-ce pas grand-pitié de voir ce bon vivant,

---

1. **Béatrice** : femme aimée par le poète italien Dante (1265-1321). Elle est le symbole de l'inspiration du poète.

Ce gueux, cet histrion[1] en vacances, ce drôle,
Parce qu'il sait jouer artistement son rôle,
Vouloir intéresser au chant de ses douleurs
20 Les aigles, les grillons, les ruisseaux et les fleurs,
Et même à nous, auteurs de ces vieilles rubriques[2],
Réciter en hurlant ses tirades publiques ? »

J'aurais pu (mon orgueil aussi haut que les monts
Domine la nuée et le cri des démons)
25 Détourner simplement ma tête souveraine,
Si je n'eusse pas vu parmi leur troupe obscène,
Crime qui n'a pas fait chanceler le soleil !
La reine de mon cœur au regard nonpareil,
Qui riait avec eux de ma sombre détresse
30 Et leur versait parfois quelque sale caresse.

CXVI

UN VOYAGE À CYTHÈRE

Mon cœur, comme un oiseau, voltigeait tout joyeux
Et planait librement à l'entour des cordages ;
Le navire roulait sous un ciel sans nuages,
Comme un ange enivré d'un soleil radieux.

5 Quelle est cette île triste et noire ? – C'est Cythère[3],
Nous dit-on, un pays fameux dans les chansons,

---

1. **Histrion :** acteur grossier et cabotin.
2. **Rubriques :** à l'origine, titres des livres de droit, puis, parties des livres liturgiques indiquant les règles du culte religieux.
3. **Cythère :** île grecque de la mer Égée, consacrée à Aphrodite, la déesse de l'amour.

Eldorado[1] banal de tous les vieux garçons.
Regardez, après tout, c'est une pauvre terre.

  – Île des doux secrets et des fêtes du cœur !
10 De l'antique Vénus le superbe fantôme
Au-dessus de tes mers plane comme un arome,
Et charge les esprits d'amour et de langueur.

Belle île aux myrtes[2] verts, pleine de fleurs écloses,
Vénérée à jamais par toute nation,
15 Où les soupirs des cœurs en adoration
Roulent comme l'encens sur un jardin de roses

Ou le roucoulement éternel d'un ramier[3] !
  – Cythère n'était plus qu'un terrain des plus maigres,
Un désert rocailleux troublé par des cris aigres.
20 J'entrevoyais pourtant un objet singulier !

Ce n'était pas un temple aux ombres bocagères,
Où la jeune prêtresse, amoureuse des fleurs,
Allait, le corps brûlé de secrètes chaleurs,
Entrebâillant sa robe aux brises passagères ;

25 Mais voilà qu'en rasant la côte d'assez près
Pour troubler les oiseaux avec nos voiles blanches,
Nous vîmes que c'était un gibet à trois branches,
Du ciel se détachant en noir, comme un cyprès.

De féroces oiseaux perchés sur leur pâture
30 Détruisaient avec rage un pendu déjà mûr,

---

1. **Eldorado** : pays mythique d'Amérique du Sud réputé regorger d'or et de richesses fabuleuses.
2. **Myrtes** : voir note 3, p. 210.
3. **Ramier** : variété de pigeon sauvage.

Chacun plantant, comme un outil, son bec impur
Dans tous les coins saignants de cette pourriture ;

Les yeux étaient deux trous, et du ventre effondré
Les intestins pesants lui coulaient sur les cuisses,
35 Et ses bourreaux, gorgés de hideuses délices,
L'avaient à coups de bec absolument châtré.

Sous les pieds, un troupeau de jaloux quadrupèdes,
Le museau relevé, tournoyait et rôdait ;
Une plus grande bête au milieu s'agitait
40 Comme un exécuteur entouré de ses aides.

Habitant de Cythère, enfant d'un ciel si beau,
Silencieusement tu souffrais ces insultes
En expiation de tes infâmes cultes
Et des péchés qui t'ont interdit le tombeau.

45 Ridicule pendu, tes douleurs sont les miennes !
Je sentis, à l'aspect de tes membres flottants,
Comme un vomissement, remonter vers mes dents
Le long fleuve de fiel des douleurs anciennes ;

Devant toi, pauvre diable au souvenir si cher,
50 J'ai senti tous les becs et toutes les mâchoires
Des corbeaux lancinants et des panthères noires
Qui jadis aimaient tant à triturer ma chair.

– Le ciel était charmant, la mer était unie ;
Pour moi tout était noir et sanglant désormais,
55 Hélas ! et j'avais, comme en un suaire[1] épais,
Le cœur enseveli dans cette allégorie.

---

1. **Suaire** : voir note 2, p. 56.

Dans ton île, ô Vénus ! je n'ai trouvé debout
Qu'un gibet symbolique où pendait mon image...
– Ah ! Seigneur ! donnez-moi la force et le courage
60 De contempler mon cœur et mon corps sans dégoût !

CXVII

L'AMOUR ET LE CRÂNE

VIEUX CUL-DE-LAMPE[1]

L'Amour est assis sur le crâne
    De l'Humanité,
Et sur ce trône le profane,
    Au rire effronté,

5 Souffle gaiement des bulles rondes
    Qui montent dans l'air,
Comme pour rejoindre les mondes
    Au fond de l'éther[2].

Le globe lumineux et frêle
10   Prend un grand essor,
Crève et crache son âme grêle
    Comme un songe d'or.

J'entends le crâne à chaque bulle
    Prier et gémir :
15 – « Ce jeu féroce et ridicule,
    Quand doit-il finir ?

---

1. **Cul-de-lampe** : gravure qui orne la fin d'un chapitre.
2. **Éther** : voir note 2, p. 50.

« Car ce que ta bouche cruelle
     Éparpille en l'air,
Monstre assassin, c'est ma cervelle,
20   Mon sang et ma chair ! »

La beauté dans le mal

Reprenant le titre du recueil tout entier, cette section est sans doute la partie pivot des *Fleurs du mal* dans l'édition de 1857. Formant un ensemble de douze poèmes, elle comprenait alors trois des six poèmes censurés par le procès et fut jugée la plus scandaleuse lors de la parution. Dans l'édition de 1861, cette section est déplacée et occupe la quatrième position, après « Spleen et Idéal », « Tableaux parisiens » et « Le Vin ». Nous sommes ici au cœur du projet poétique baudelairien : extraire la beauté du mal. Le long poème « Femmes damnées », ainsi que les deux poèmes censurés qu'il a remplacés dans l'édition de 1861 sont consacrés aux lesbiennes, qui formaient un des premiers titres abandonnés du recueil. La plupart des poèmes rassemblés dans cette section ont été composés assez tôt, entre 1842 et 1844. L'inspiration romantique, parfois presque gothique, les thèmes du crime, du sang, de la destruction, du sadisme s'y font nettement sentir.

La débauche décrite par Baudelaire dans cette section n'est pas celle d'un débauché. Elle ne correspond pas à une transgression vécue dans l'allégresse, mais reste marquée par une conscience toute catholique du mal. La seule impiété manifeste ici, c'est le désespoir de celui qui n'entrevoit plus aucune possibilité de salut, c'est le silence de Dieu, celui contre lequel se donnera à lire la section suivante, « Révolte ».

Éros et Thanatos

La sensualité vénéneuse des *Fleurs du mal* a partie liée avec le sadisme. De façon plus marquée, plus noire que dans « Spleen et Idéal », l'amour se fait combat, souffrance, destruction, mort. Le poème « Une martyre », inspiré d'un dessin inconnu – peut-être d'une figure féminine décapitée de *La Mort de Sardanapale* de Delacroix – inscrit bien la représentation du corps féminin supplicié dans une perspective chrétienne. Pourtant, mêlant comme à son habitude références chrétiennes et antiques, c'est aussi au couple mythique d'Éros et de Thanatos que cette section fait référence.

La haine de soi

« Le Voyage à Cythère », pièce majeure de la section et qui la clôt, subvertit le topos de l'embarquement pour l'île de l'amour, consacrée à Vénus. La comparaison s'impose avec « Une charogne », XXIXᵉ poème de « Spleen et Idéal », afin de mesurer la distance parcourue de « Spleen et Idéal » à « Fleurs du mal ». L' « objet singulier » aperçu sur cette île « triste et noire », est de même nature que la charogne (« Rappelez-vous l'objet que nous vîmes, mon âme »). Mais, alors que dans « Une charogne », « le soleil rayonnait sur cette pourriture », dans « Un voyage à Cythère », la décomposition du pendu s'accompagne d'une destruction (« De féroces oiseaux perchés sur leur pâture / Détruisaient avec rage un pendu déjà mûr, / Chacun plantant, comme un outil, son bec impur / Dans tous les coins saignants de cette pourriture. »). Surtout, le processus de décomposition naturelle de la charogne s'accompagnait d'un processus inverse de grouillement plein de vie et une rédemption était possible par la création poétique. Ici au contraire, la contemplation de la destruction ne se mue pas en apothéose de la création, mais en dégoût de soi-même (« – Ah ! Seigneur ! donnez-moi la force et le courage / De contempler mon cœur et mon corps sans dégoût ! »). Ainsi se dessine, de « L'Invitation au voyage » à « Un voyage à Cythère », puis au « Voyage » final, un itinéraire descendant, du monde idéal de l'enfance à la souffrance, à la destruction et à la mort.

Le reniement de Saint-Pierre.
Illustration de Carlos Schwabe pour l'édition Charles Meunier
des Fleurs du mal, 1900.
Paris, coll. J.-D. Jumeau-Lafond.

RÉVOLTE

CXVIII

LE RENIEMENT DE SAINT PIERRE

Qu'est-ce que Dieu fait donc de ce flot d'anathèmes[1]
Qui monte tous les jours vers ses chers Séraphins[2] ?
Comme un tyran gorgé de viande et de vins,
Il s'endort au doux bruit de nos affreux blasphèmes.

5 Les sanglots des martyrs et des suppliciés
Sont une symphonie enivrante sans doute,
Puisque, malgré le sang que leur volupté coûte,
Les cieux ne s'en sont point encor rassasiés !

– Ah ! Jésus, souviens-toi du Jardin des Olives[3] !
10 Dans ta simplicité tu priais à genoux
Celui qui dans son ciel riait au bruit des clous
Que d'ignobles bourreaux plantaient dans tes chairs vives,

Lorsque tu vis cracher sur ta divinité
La crapule du corps de garde et des cuisines,
15 Et lorsque tu sentis s'enfoncer les épines
Dans ton crâne où vivait l'immense Humanité ;

Quand de ton corps brisé la pesanteur horrible
Allongeait tes deux bras distendus, que ton sang

---

1. **Anathème** : excommunication prononcée généralement contre les héré-
tiques ou les adversaires de la foi catholique.
2. **Séraphins** : voir note 1, p. 110.
3. **Jardin des Olives** : jardin situé sur une colline de Jérusalem, où Jésus fut
arrêté.

REPÈRES

• Baudelaire reprend ici un thème romantique illustré par exemple par Vigny (« Le Mont des Oliviers ») et Nerval (« Le Christ aux Oliviers »). Mais il en fait une interprétation personnelle, davantage centrée sur la colère et la révolte.

OBSERVATION

• Montrez que le poème est nettement structuré en trois mouvements de longueurs assez inégales, séparés par les deux tirets des vers 9 et 29.
• Analysez la description de Jésus sur la croix. En quoi peut-on parler d'une vision baroque ?
• Par quels moyens stylistiques le dernier vers est-il mis en valeur ?
• Montrez qu'on peut distinguer différentes positions morales par rapport à la souffrance des hommes et au martyre de Jésus. Quelle est la position du lecteur ? Celle du poète ?
• Le poète s'adresse à Jésus dans le deuxième mouvement du poème. Comment expliquez-vous le terme de remords, au vers 27 ?
• Quelle est la position de Saint Pierre ? Comment son reniement est-il motivé ?

INTERPRÉTATIONS

• Vous montrerez que le reniement de Saint Pierre et l'acquiescement du poète résultent à la fois d'un raisonnement logique et d'un sentiment de révolte face à la souffrance de l'homme.

Et ta sueur coulaient de ton front pâlissant,
20 Quand tu fus devant tous posé comme une cible,

Rêvais-tu de ces jours si brillants et si beaux
Où tu vins pour remplir l'éternelle promesse,
Où tu foulais, monté sur une douce ânesse,
Des chemins tout jonchés de fleurs et de rameaux,

25 Où, le cœur tout gonflé d'espoir et de vaillance,
Tu fouettais tous ces vils marchands à tour de bras,
Où tu fus maître enfin ? Le remords n'a-t-il pas
Pénétré dans ton flanc plus avant que la lance ?

– Certes, je sortirai, quant à moi, satisfait
30 D'un monde où l'action n'est pas la sœur du rêve ;
Puissé-je user du glaive et périr par le glaive[1] !
Saint Pierre a renié Jésus... il a bien fait !

CXIX

ABEL ET CAÏN

I

Race d'Abel, dors, bois et mange ;
Dieu te sourit complaisamment.

Race de Caïn, dans la fange[2]
Rampe et meurs misérablement.

---

1. **Périr par le glaive** : allusion à une phrase prononcée par Jésus pour refuser
que ses disciples le défendent lors de son arrestation et condamnant la violence,
« qui a vécu par le glaive périra par le glaive ».
2. **Fange** : boue.

5   Race d'Abel, ton sacrifice
Flatte le nez du Séraphin[1] !

Race de Caïn, ton supplice
Aura-t-il jamais une fin ?

Race d'Abel, vois tes semailles
10   Et ton bétail venir à bien ;

Race de Caïn, tes entrailles
Hurlent la faim comme un vieux chien.

Race d'Abel, chauffe ton ventre
À ton foyer patriarcal ;

15   Race de Caïn, dans ton antre
Tremble de froid, pauvre chacal !

Race d'Abel, aime et pullule !
Ton or fait aussi des petits.

Race de Caïn, cœur qui brûle,
20   Prends garde à ces grands appétits.

Race d'Abel, tu croîs et broutes
Comme les punaises des bois !

Race de Caïn, sur les routes
Traîne ta famille aux abois.

---

1. **Séraphin :** voir note 1, p. 110.

II

25 Ah ! race d'Abel, ta charogne
Engraissera le sol fumant !

Race de Caïn, ta besogne
N'est pas faite suffisamment ;

Race d'Abel, voici ta honte :
30 Le fer est vaincu par l'épieu !

Race de Caïn, au ciel monte,
Et sur la terre jette Dieu !

CXX

LES LITANIES DE SATAN

Ô toi, le plus savant et le plus beau des Anges,
Dieu trahi par le sort et privé de louanges,

Ô Satan, prends pitié de ma longue misère !

Ô Prince de l'exil, à qui l'on a fait tort,
5 Et qui, vaincu, toujours te redresses plus fort,

Ô Satan, prends pitié de ma longue misère !

Toi qui sais tout, grand roi des choses souterraines,
Guérisseur familier des angoisses humaines,

Ô Satan, prends pitié de ma longue misère !

10 Toi qui, même aux lépreux, aux parias maudits,
Enseignes par l'amour le goût du Paradis,

Ô Satan, prends pitié de ma longue misère !

Ô toi qui de la Mort, ta vieille et forte amante,
Engendras l'Espérance, – une folle charmante !

15 Ô Satan, prends pitié de ma longue misère !

Toi qui fais au proscrit ce regard calme et haut
Qui damne tout un peuple autour d'un échafaud,

Ô Satan, prends pitié de ma longue misère !

Toi qui sais en quels coins des terres envieuses
20 Le Dieu jaloux cacha les pierres précieuses,

Ô Satan, prends pitié de ma longue misère !

Toi dont l'œil clair connaît les profonds arsenaux[1]
Où dort enseveli le peuple des métaux,

Ô Satan, prends pitié de ma longue misère !

25 Toi dont la large main cache les précipices
Au somnambule errant au bord des édifices,

Ô Satan, prends pitié de ma longue misère !

Toi qui, magiquement, assouplis les vieux os
De l'ivrogne attardé foulé par les chevaux,

---

1. **Arsenaux :** voir note 2, p. 131.

30 Ô Satan, prends pitié de ma longue misère !

Toi qui, pour consoler l'homme frêle qui souffre,
Nous appris à mêler le salpêtre[1] et le soufre,

Ô Satan, prends pitié de ma longue misère !

Toi qui poses ta marque, ô complice subtil,
35 Sur le front du Crésus[2] impitoyable et vil,

Ô Satan, prends pitié de ma longue misère !

Toi qui mets dans les yeux et dans le cœur des filles
Le culte de la plaie et l'amour des guenilles,

Ô Satan, prends pitié de ma longue misère !

40 Bâton des exilés, lampe des inventeurs,
Confesseur des pendus et des conspirateurs,

Ô Satan, prends pitié de ma longue misère !

Père adoptif de ceux qu'en sa noire colère
Du paradis terrestre a chassés Dieu le Père,

45 Ô Satan, prends pitié de ma longue misère !

---

1. **Salpêtre** : dépôt d'origine minérale, qui se fixe sur les parois des murs. On le mélangeait avec le soufre pour fabriquer de la poudre à canon.
2. **Crésus** : roi légendaire de Lydie, réputé pour les immenses richesses qu'il tirait des mines d'or.

PRIÈRE

Gloire et louange à toi, Satan, dans les hauteurs
Du Ciel, où tu régnas, et dans les profondeurs
De l'Enfer, où, vaincu, tu rêves en silence !
Fais que mon âme un jour, sous l'Arbre de Science[1],
5 Près de toi se repose, à l'heure où sur ton front
Comme un Temple nouveau ses rameaux s'épandront !

---

1. **Arbre de Science :** dans la Bible, Adam et Ève furent chassés du paradis terrestre pour avoir goûté le fruit défendu de l'arbre de la connaissance du Bien et du Mal.

Un triple blasphème

Composée de trois poèmes relativement anciens (ils datent de 1851-1853), « Révolte » est la section la plus brève du recueil. À trois reprises, la tradition catholique est violemment niée. Cité lors du procès de 1857, « Le Reniement de Saint Pierre », incitation à la révolte contre Dieu et dont le dernier vers relève d'une esthétique du choc et de la surprise (Dieu y est comparé à un « tyran gorgé de viande et de vins » et le poème se clôt sur « Saint Pierre a renié Jésus ... il a bien fait ! ») ne fut pourtant pas condamné. Dans « Abel et Caïn », le poète se range explicitement du côté du criminel, et de sa révolte métaphysique. Enfin, sur le modèle du « Notre Père », « Les Litanies de Satan » sont une longue prière à l'Ange du mal.

La religion de Baudelaire

Les trois poèmes, dans l'édition de 1857, étaient précédés d'une note qui tendait à en atténuer la portée blasphématoire, pour se protéger des conséquences que pouvait entraîner sur lui leur publication : « Parmi les morceaux suivants, le plus caractérisé a déjà paru dans un des principaux recueils littéraires de Paris, où il n'a été considéré du moins par les gens d'esprit que pour ce qu'il est véritablement : le pastiche des raisonnements de l'ignorance et de la fureur. Fidèle à son douloureux programme, l'auteur des *Fleurs du mal* a dû, en parfait comédien, façonner son esprit à tous les sophismes comme à toutes les corruptions. Cette déclaration candide n'empêchera pas sans doute les critiques honnêtes de le ranger parmi les théologiens de la populace. » On peut se demander quelle est la part de calcul dans cette déclaration, quelle en est la part de sincérité. Quoi qu'il en soit, la recherche du mal dans l'extrême est un nouvel échec. La mort sera le seul refuge.

La recherche de l'absolu

Faut-il voir dans « Révolte » l'ultime tentative pour trouver l'absolu dans le mal ou au contraire un bref sursaut désespéré avant de se tourner vers le seul refuge, décidément ailleurs, c'est-à-dire dans la mort ? Les poèmes en eux-mêmes pourraient faire pencher pour la première hypothèse, mais le déplacement de la section, juste avant « La Mort », alors que l'édition de 1857 la situait en troisième position, inciterait plutôt à retenir la seconde hypothèse.

Sur la question de la religion de Baudelaire, les avis divergent. Le paradoxe des *Fleurs du mal* réside sans doute en ceci que le poète recourt constamment à un lexique religieux et sacré alors même que ses poèmes semblent renier les principes de la religion. Certains voient en lui un chrétien dont la posture blasphématoire théâtralisée ne serait qu'un moyen de dénoncer la tentation ignorante. C'est suivre à ce sujet la position de son contemporain Barbey d'Aurevilly : « Ce profond rêveur qui est au fond de tout grand poète s'est demandé en M. Baudelaire ce que deviendrait la poésie en passant par une tête organisée, par exemple, comme celle de Caligula ou d'Héliogabale et *Les Fleurs du mal* – ces monstrueuses – se sont épanouies pour l'instruction et l'humiliation de nous tous ; car il n'est pas inutile, allez ! de savoir ce qui peut fleurir dans le fumier du cerveau humain décomposé par nos vices. C'est une bonne leçon. Seulement, par une inconséquence qui nous touche et dont nous connaissons la cause, il se mêle à ces poésies, imparfaites par là au point de vue absolu de leur auteur, des cris d'âme chrétienne, malade d'infini, qui rompent l'unité de l'œuvre terrible et que Caligula et Héliogabale n'auraient pas poussés. »

Par ailleurs, il est incontestable que Satan, Caïn sont des figures emblématiques de la révolte romantique, des figures obligées du romantisme noir. À ce titre, on ne peut se contenter d'en faire une lecture littérale. Finalement, s'il paraît difficile de faire de Baudelaire un athée, tant son œuvre est imprégnée d'une compassion humaine proche de la charité chrétienne, il n'est pas possible pour autant d'en faire un catholique convaincu, sa recherche d'absolu étant avant tout de nature esthétique.

Baudelaire par Duchamp-Villon, 1911.
Musée National d'Art Moderne, Paris.

La Mort

CXXI

LA MORT DES AMANTS

Nous aurons des lits pleins d'odeurs légères,
Des divans profonds comme des tombeaux,
Et d'étranges fleurs sur des étagères,
Écloses pour nous sous des cieux plus beaux.

5 Usant à l'envi leurs chaleurs dernières,
Nos deux cœurs seront deux vastes flambeaux,
Qui réfléchiront leurs doubles lumières
Dans nos deux esprits, ces miroirs jumeaux.

Un soir fait de rose et de bleu mystique,
10 Nous échangerons un éclair unique,
Comme un long sanglot, tout chargé d'adieux ;

Et plus tard un Ange, entrouvrant les portes,
Viendra ranimer, fidèle et joyeux,
Les miroirs ternis et les flammes mortes.

CXXII

LA MORT DES PAUVRES

C'est la Mort qui console, hélas ! et qui fait vivre ;
C'est le but de la vie, et c'est le seul espoir

Deux Squelettes dans un intérieur.
Odilon Redon (1840-1916).
Otterlo, Rijskmuseum Kröller-Müller.

REPÈRES

• Mise en musique par Debussy, cette scène de genre ouvre la section sur l'affirmation positive d'un au-delà, d'une survie après la mort, alors qu'elle est niée dans d'autres poèmes, comme « Le Mort joyeux » ou « Le Rêve d'un curieux ».

OBSERVATION

• Quel est le mètre employé dans ce sonnet ? En vous reportant à la partie consacrée à la poétique de Baudelaire, vérifiez si la césure se trouve à la place qui lui est traditionnellement attribuée dans ce type de vers et dites quel est l'effet produit.
• En vous appuyant sur l'idée de nombre, définissez une progression du poème du premier quatrain au premier tercet. À quoi aboutit-elle ?
• Comment se marque stylistiquement la rupture qu'on peut observer au vers 12 ? Que représente-t-elle ?
• Relevez tous les éléments (termes, objets, images) qui évoquent la mort. Quelle est la tonalité de cette évocation ?
• Qu'est-ce qui empêche dans ce poème de considérer la mort comme une abolition définitive ? Étudiez en particulier le temps des verbes et les adverbes de temps.
• Sur quelle image de la mort se clôt le poème ?
• Le terme de miroir apparaît à deux reprises. Quels procédés stylistiques créent dans le poème des effets de miroir ?

INTERPRÉTATIONS

• Montrez que la scène décrite est aussi bien une allégorie de la mort qu'une allégorie de l'acte amoureux.
• En quoi peut-on parler pour ce poème d'une atmosphère fantastique ?

Qui, comme un élixir, nous monte[1] et nous enivre,
Et nous donne le cœur de marcher jusqu'au soir ;

5 À travers la tempête, et la neige, et le givre,
C'est la clarté vibrante à notre horizon noir ;
C'est l'auberge fameuse inscrite sur le livre,
Où l'on pourra manger, et dormir, et s'asseoir ;

C'est un Ange qui tient dans ses doigts magnétiques
10 Le sommeil et le don des rêves extatiques,
Et qui refait le lit des gens pauvres et nus ;

C'est la gloire des dieux, c'est le grenier mystique,
C'est la bourse du pauvre et sa patrie antique,
C'est le portique ouvert sur les Cieux inconnus !

CXXIII

LA MORT DES ARTISTES

Combien faut-il de fois secouer mes grelots
Et baiser ton front bas, morne caricature ?
Pour piquer dans le but, de mystique nature,
Combien, ô mon carquois, perdre de javelots ?

5 Nous userons notre âme en de subtils complots,
Et nous démolirons mainte lourde armature,
Avant de contempler la grande Créature
Dont l'infernal désir nous remplit de sanglots !

---

1. **Monte :** remonte (vieilli).

Il en est qui jamais n'ont connu leur Idole,
10 Et ces sculpteurs damnés et marqués d'un affront,
Qui vont se martelant la poitrine et le front,

N'ont qu'un espoir, étrange et sombre Capitole[1] !
C'est que la Mort, planant comme un soleil nouveau,
Fera s'épanouir les fleurs de leur cerveau !

CXXIV

LA FIN DE LA JOURNÉE

Sous une lumière blafarde
Court, danse et se tord sans raison
La Vie, impudente et criarde.
Aussi, sitôt qu'à l'horizon

5 La nuit voluptueuse monte,
Apaisant tout, même la faim,
Effaçant tout, même la honte,
Le Poète se dit : « Enfin !

« Mon esprit, comme mes vertèbres,
10 Invoque ardemment le repos ;
Le cœur plein de songes funèbres,

« Je vais me coucher sur le dos
Et me rouler dans vos rideaux,
Ô rafraîchissantes ténèbres ! »

---

1. **Capitole** : une des sept collines de Rome.

CXXV

LE RÊVE D'UN CURIEUX

À F. N.

Connais-tu, comme moi, la douleur savoureuse,
Et de toi fais-tu dire : « Oh ! l'homme singulier ! »
– J'allais mourir. C'était dans mon âme amoureuse,
Désir mêlé d'horreur, un mal particulier ;

5 Angoisse et vif espoir, sans humeur factieuse[1].
Plus allait se vidant le fatal sablier,
Plus ma torture était âpre et délicieuse ;
Tout mon cœur s'arrachait au monde familier.

J'étais comme l'enfant avide du spectacle,
10 Haïssant le rideau comme on hait un obstacle...
Enfin la vérité froide se révéla :

J'étais mort sans surprise, et la terrible aurore
M'enveloppait. – Eh quoi ! n'est-ce donc que cela ?
La toile était levée et j'attendais encore.

---

1. **Factieux** : qui exerce contre le pouvoir établi une opposition violente.

CXXVI

LE VOYAGE

À Maxime Du Camp.

I

Pour l'enfant, amoureux de cartes et d'estampes,
L'univers est égal à son vaste appétit.
Ah ! que le monde est grand à la clarté des lampes !
Aux yeux du souvenir que le monde est petit !

5 Un matin nous partons, le cerveau plein de flamme,
Le cœur gros de rancune et de désirs amers,
Et nous allons, suivant le rythme de la lame,
Berçant notre infini sur le fini des mers :

Les uns, joyeux de fuir une patrie infâme ;
10 D'autres, l'horreur de leurs berceaux, et quelques-uns,
Astrologues noyés dans les yeux d'une femme,
La Circé¹ tyrannique aux dangereux parfums.

Pour n'être pas changés en bêtes, ils s'enivrent
D'espace et de lumière et de cieux embrasés ;
15 La glace qui les mord, les soleils qui les cuivrent,
Effacent lentement la marque des baisers.

Mais les vrais voyageurs sont ceux-là seuls qui partent
Pour partir ; cœurs légers, semblables aux ballons,
De leur fatalité jamais ils ne s'écartent,
20 Et, sans savoir pourquoi, disent toujours : Allons !

---

1. **Circé** : dans L'*Odyssée* d'Homère, magicienne qui garda les compagnons d'Ulysse en captivité et les transforma en pourceaux.

Ceux-là dont les désirs ont la forme des nues,
Et qui rêvent, ainsi qu'un conscrit le canon,
De vastes voluptés, changeantes, inconnues,
Et dont l'esprit humain n'a jamais su le nom !

II

25 Nous imitons, horreur ! la toupie et la boule
Dans leur valse et leurs bonds ; même dans nos sommeils
La Curiosité nous tourmente et nous roule,
Comme un Ange cruel qui fouette des soleils.

Singulière fortune où le but se déplace,
30 Et, n'étant nulle part, peut être n'importe où !
Où l'Homme, dont jamais l'espérance n'est lasse,
Pour trouver le repos court toujours comme un fou !

Notre âme est un trois-mâts cherchant son Icarie[1] ;
Une voix retentit sur le pont : « Ouvre l'œil ! »
35 Une voix de la hune[2], ardente et folle, crie :
« Amour... gloire... bonheur ! » Enfer ! c'est un écueil !

Chaque îlot signalé par l'homme de vigie
Est un Eldorado[3] promis par le Destin ;
L'Imagination qui dresse son orgie
40 Ne trouve qu'un récif aux clartés du matin.

Ô le pauvre amoureux des pays chimériques !
Faut-il le mettre aux fers, le jeter à la mer,

---

1. **Icarie** : île grecque qui sert de cadre à une utopie (description d'une société idéale), *Le Voyage en Icarie* (1842), d'Étienne Cabet.
2. **Hune** : plate-forme fixée au mât des navires à voiles, qui servait de poste d'observation.
3. **Eldorado** : voir note 1, p. 214.

La Mort. *Illustration de Carlos Schwabe*
pour l'édition Charles Meunier des Fleurs du mal, *1900.*
Paris, coll., J.-D. Jumeau-Lafond.

Ce matelot ivrogne, inventeur d'Amériques
Dont le mirage rend le gouffre plus amer ?

45 Tel le vieux vagabond, piétinant dans la boue,
Rêve, le nez en l'air, de brillants paradis ;
Son œil ensorcelé découvre une Capoue[1]
Partout où la chandelle illumine un taudis.

III

Étonnants voyageurs ! quelles nobles histoires
50 Nous lisons dans vos yeux profonds comme les mers !
Montrez-nous les écrins de vos riches mémoires,
Ces bijoux merveilleux, faits d'astres et d'éthers[2].

Nous voulons voyager sans vapeur et sans voile !
Faites, pour égayer l'ennui de nos prisons,
55 Passer sur nos esprits, tendus comme une toile,
Vos souvenirs avec leurs cadres d'horizons.

Dites, qu'avez-vous vu ?

IV

                    « Nous avons vu des astres
Et des flots ; nous avons vu des sables aussi ;
Et, malgré bien des chocs et d'imprévus désastres,
60 Nous nous sommes souvent ennuyés, comme ici.

---

1. **Capoue** : ville d'Italie où les soldats d'Hannibal, qui l'avaient prise (en 215
av. J.-C.), se laissèrent griser par les délices d'une vie luxueuse.
2. **Éthers** : voir note 2, p. 50.

« La gloire du soleil sur la mer violette,
La gloire des cités dans le soleil couchant,
Allumaient dans nos cœurs une ardeur inquiète
De plonger dans un ciel au reflet alléchant.

65 « Les plus riches cités, les plus grands paysages,
Jamais ne contenaient l'attrait mystérieux
De ceux que le hasard fait avec les nuages.
Et toujours le désir nous rendait soucieux !

« – La jouissance ajoute au désir de la force.
70 Désir, vieil arbre à qui le plaisir sert d'engrais,
Cependant que grossit et durcit ton écorce,
Tes branches veulent voir le soleil de plus près !

« Grandiras-tu toujours, grand arbre plus vivace
Que le cyprès ? – Pourtant nous avons, avec soin,
75 Cueilli quelques croquis pour votre album vorace,
Frères qui trouvez beau tout ce qui vient de loin !

« Nous avons salué des idoles à trompe ;
Des trônes constellés de joyaux lumineux ;
Des palais ouvragés dont la féerique pompe
80 Serait pour vos banquiers un rêve ruineux ;

« Des costumes qui sont pour les yeux une ivresse ;
Des femmes dont les dents et les ongles sont teints,
Et des jongleurs savants que le serpent caresse. »

V

Et puis, et puis encore ?

VI

« Ô cerveaux enfantins !

85 « Pour ne pas oublier la chose capitale,
Nous avons vu partout, et sans l'avoir cherché,
Du haut jusques en bas de l'échelle fatale,
Le spectacle ennuyeux de l'immortel péché :

« La femme, esclave vile, orgueilleuse et stupide,
90 Sans rire s'adorant et s'aimant sans dégoût ;
L'homme, tyran goulu, paillard, dur et cupide,
Esclave de l'esclave et ruisseau dans l'égout ;

« Le bourreau qui jouit, le martyr qui sanglote ;
La fête qu'assaisonne et parfume le sang ;
95 Le poison du pouvoir énervant le despote,
Et le peuple amoureux du fouet abrutissant ;

« Plusieurs religions semblables à la nôtre,
Toutes escaladant le ciel ; la Sainteté,
Comme en un lit de plume un délicat se vautre,
100 Dans les clous et le crin cherchant la volupté ;

« L'Humanité bavarde, ivre de son génie,
Et, folle maintenant comme elle était jadis,
Criant à Dieu, dans sa furibonde agonie :
"Ô mon semblable, ô mon maître, je te maudis !"

105 « Et les moins sots, hardis amants de la Démence,
Fuyant le grand troupeau parqué par le Destin,
Et se réfugiant dans l'opium immense !
– Tel est du globe entier l'éternel bulletin. »

VII

Amer savoir, celui qu'on tire du voyage !
110 Le monde, monotone et petit, aujourd'hui,
Hier, demain, toujours, nous fait voir notre image :
Une oasis d'horreur dans un désert d'ennui !

Faut-il partir ? rester ? Si tu peux rester, reste ;
Pars, s'il le faut. L'un court, et l'autre se tapit
115 Pour tromper l'ennemi vigilant et funeste,
Le Temps ! Il est, hélas ! des coureurs sans répit,

Comme le Juif errant[1] et comme les apôtres,
À qui rien ne suffit, ni wagon ni vaisseau,
Pour fuir ce rétiaire[2] infâme ; il en est d'autres
120 Qui savent le tuer sans quitter leur berceau.

Lorsque enfin il mettra le pied sur notre échine,
Nous pourrons espérer et crier : En avant !
De même qu'autrefois nous partions pour la Chine,
Les yeux fixés au large et les cheveux au vent,

125 Nous nous embarquerons sur la mer des Ténèbres
Avec le cœur joyeux d'un jeune passager.
Entendez-vous ces voix, charmantes et funèbres,
Qui chantent : « Par ici ! vous qui voulez manger

« Le Lotus[3] parfumé ! c'est ici qu'on vendange
130 Les fruits miraculeux dont votre cœur a faim ;

---

1. **Juif errant** : personnage qui fut condamné à errer éternellement pour avoir maltraité le Christ sur le chemin de la croix. Il personnifie l'exil perpétuel des Juifs.
2. **Rétiaire** : gladiateur combattant avec un filet et un trident.
3. **Lotus** : dans *L'Odyssée*, fruit qui apportait l'oubli de leur patrie aux voyageurs qui en mangeaient.

Venez vous enivrer de la douceur étrange
De cette après-midi qui n'a jamais de fin ? »

À l'accent familier nous devinons le spectre ;
Nos Pylades[1] là-bas tendent leurs bras vers nous.
135 « Pour rafraîchir ton cœur nage vers ton Électre[2] ! »
Dit celle dont jadis nous baisions les genoux.

VIII

Ô Mort, vieux capitaine, il est temps ! levons l'ancre !
Ce pays nous ennuie, ô Mort ! Appareillons !
Si le ciel et la mer sont noirs comme de l'encre,
140 Nos cœurs que tu connais sont remplis de rayons !

Verse-nous ton poison pour qu'il nous réconforte !
Nous voulons, tant ce feu nous brûle le cerveau,
Plonger au fond du gouffre, Enfer ou Ciel, qu'importe ?
Au fond de l'Inconnu pour trouver du *nouveau* !

---

1. **Pylade** : dans la mythologie grecque, compagnon d'Oreste, le fils
d'Agamemnon et Clytemnestre.
2. **Électre** : fille d'Agamemnon et Clytemnestre, elle poussa son frère Oreste
à tuer leur mère Clytemnestre pour venger le meurtre d'Agamemnon.

De l'édition de 1857 à celle de 1861

Dernière étape dans le parcours proposé au lecteur en début de recueil, la mort clôt le déroulement d'une vie poétique, de la naissance (« Bénédiction »), jusqu'à la mort. Ici encore, l'édition de 1861 marque un net changement de perspective par rapport à celle de 1857. Dans la première édition en effet, les trois premiers poèmes (CXXI, « La Mort des amants » ; CXXII, « La Mort des pauvres » et CXXIII, « La Mort des artistes ») constituaient une fin apaisée sinon heureuse et le recueil s'achevait sur ces vers, « C'est que la Mort, planant comme un soleil nouveau, / Fera s'épanouir les fleurs de leur cerveau ! », rappelant le projet poétique des *Fleurs du mal*. Les trois poèmes ajoutés en 1861, notamment « Le Rêve d'un curieux », font apparaître le spectre d'un nouvel échec dans la mort elle-même. Mais c'est surtout « Le Voyage », le plus étendu des poèmes du recueil, qui, rassemblant tous les thèmes développés dans Les *Fleurs du mal*, donne à cette dernière section une résonance beaucoup plus forte que dans l'édition précédente.

S'ouvrant sur l'enfance et le matin, « Le Voyage » propose, en forme de dialogue entre les « étonnants voyageurs » et les « cerveaux enfantins », un itinéraire biographique et spirituel, un questionnement qui reprend la plupart des thèmes développés dans le recueil : l'insatisfaction et la souffrance dans le monde terrestre, l'exotisme, l'ailleurs, la femme, l'ivresse de l'opium. L'itinéraire initiatique des *Fleurs du mal* y est figuré de façon métaphorique.

Une vision pascalienne

Tous les critiques s'accordent à considérer la mort comme une résolution de la tension subie par l'homme entre spleen et idéal. Après les tentatives échouées de trouver ici-bas une échappatoire à la redoutable souffrance de la vie, dans l'art et dans l'amour (« Spleen et Idéal »), dans le spectacle urbain (« Tableaux parisiens »), dans l'ivresse des paradis artificiels (« Le Vin ») ou encore dans le péché (« Fleurs du mal ») et le blasphème (« Révolte »), seule la mort constitue un refuge pour « l'esprit gémissant en proie aux longs ennuis » (LXXVIII Spleen). De fait cette interprétation concorde parfaitement avec le contenu des trois poèmes de l'édition de 1857. Dans « La Mort des amants », « ... un Ange, entrouvrant les portes, / Viendra ranimer, fidèle et joyeux, / Les miroirs ternis et les flammes mortes ». « La Mort des pauvres » s'ouvre et se clôt sur une apothéose de la mort (« C'est la Mort qui console, hélas ! et qui fait vivre » ; « C'est le portique ouvert sur les Cieux inconnus ! »).

« Le Rêve d'un curieux », avant-dernier poème du recueil, ajouté en 1861, émet un doute sur l'au-delà de la mort, qui pourrait bien faire retomber l'âme dans le vide infini qui était celui du spleen et de l'ennui (« Enfin la vérité froide se révéla : / J'étais mort sans surprise, et la terrrible aurore / M'enveloppait. – Eh quoi ! n'est-ce donc que cela ? / La toile était levée et j'attendais encore »). Dès lors, c'est l'incertitude qui règne, et « Le Voyage » n'offre pas tant à l'homme et au poète l'assurance d'un refuge heureux dans la mort, que la possibilité d'espérer, en plongeant « au fond du gouffre », « Au fond de l'Inconnu pour trouver du *nouveau* ! »

Pièces condamnées

LES BIJOUX

La très chère était nue, et, connaissant mon cœur,
Elle n'avait gardé que ses bijoux sonores,
Dont le riche attirail lui donnait l'air vainqueur
Qu'ont dans leurs jours heureux les esclaves des Mores [1].

5 Quand il jette en dansant son bruit vif et moqueur,
Ce monde rayonnant de métal et de pierre
Me ravit en extase, et j'aime à la fureur
Les choses où le son se mêle à la lumière.

Elle était donc couchée et se laissait aimer,
10 Et du haut du divan elle souriait d'aise
À mon amour profond et doux comme la mer,
Qui vers elle montait comme vers sa falaise.

Les yeux fixés sur moi, comme un tigre dompté,
D'un air vague et rêveur elle essayait des poses,
15 Et la candeur [2] unie à la lubricité [3]
Donnait un charme neuf à ses métamorphoses ;

Et son bras et sa jambe, et sa cuisse et ses reins,
Polis comme de l'huile, onduleux comme un cygne,

---

1. **Mores :** peuple du nord de l'Afrique.
2. **Candeur :** innocence naïve.
3. **Lubricité :** penchant irrépressible pour la luxure.

Passaient devant mes yeux clairvoyants et sereins ;
20 Et son ventre et ses seins, ces grappes de ma vigne,

S'avançaient, plus câlins que les Anges du mal,
Pour troubler le repos où mon âme était mise,
Et pour la déranger du rocher de cristal
Où, calme et solitaire, elle s'était assise.

25 Je croyais voir unis par un nouveau dessin
Les hanches de l'Antiope[1] au buste d'un imberbe,
Tant sa taille faisait ressortir son bassin.
Sur ce teint fauve et brun le fard était superbe !

– Et la lampe s'étant résignée à mourir,
30 Comme le foyer seul illuminait la chambre,
Chaque fois qu'il poussait un flamboyant soupir,
Il inondait de sang cette peau couleur d'ambre !

XXXIBIS

LE LÉTHÉ

Viens sur mon cœur, âme cruelle et sourde,
Tigre adoré, monstre aux airs indolents ;
Je veux longtemps plonger mes doigts tremblants
Dans l'épaisseur de ta crinière lourde ;

5 Dans tes jupons remplis de ton parfum
Ensevelir ma tête endolorie,
Et respirer, comme une fleur flétrie,
Le doux relent de mon amour défunt.

---

1. **Antiope :** princesse thébaine de l'antiquité grecque séduite par Zeus pendant son sommeil.

Je veux dormir ! dormir plutôt que vivre !
10 Dans un sommeil aussi doux que la mort,
J'étalerai mes baisers sans remords
Sur ton beau corps poli comme le cuivre.

Pour engloutir mes sanglots apaisés
Rien ne me vaut l'abîme de ta couche ;
15 L'oubli puissant habite sur ta bouche,
Et le Léthé[1] coule dans tes baisers.

À mon destin, désormais mon délice,
J'obéirai comme un prédestiné ;
Martyr docile, innocent condamné,
20 Dont la ferveur attise le supplice,

Je sucerai, pour noyer ma rancœur,
Le népenthès[2] et la bonne ciguë[3]
Aux bouts charmants de cette gorge aiguë,
Qui n'a jamais emprisonné de cœur.

XLIIIBIS

À CELLE QUI EST TROP GAIE

Ta tête, ton geste, ton air
Sont beaux comme un beau paysage ;
Le rire joue en ton visage
Comme un vent frais dans un ciel clair.

---

1. **Léthé** : voir note 1, p. 126.
2. **Népenthès** : dans l'antiquité grecque, remède magique contre la tristesse.
3. **Ciguë** : plante vénéneuse utilisée dans l'antiquité grecque comme poison pour les condamnés à mort.

5   Le passant chagrin que tu frôles
       Est ébloui par la santé
       Qui jaillit comme une clarté
       De tes bras et de tes épaules.

       Les retentissantes couleurs
10   Dont tu parsèmes tes toilettes
       Jettent dans l'esprit des poètes
       L'image d'un ballet de fleurs.

       Ces robes folles sont l'emblème
       De ton esprit bariolé ;
15   Folle dont je suis affolé,
       Je te hais autant que je t'aime !

       Quelquefois dans un beau jardin
       Où je traînais mon atonie[1],
       J'ai senti, comme une ironie,
20   Le soleil déchirer mon sein ;

       Et le printemps et la verdure
       Ont tant humilié mon cœur,
       Que j'ai puni sur une fleur
       L'insolence de la Nature.

25   Ainsi je voudrais, une nuit,
       Quand l'heure des voluptés sonne,
       Vers les trésors de ta personne,
       Comme un lâche, ramper sans bruit,

       Pour châtier ta chair joyeuse,
30   Pour meurtrir ton sein pardonné,

---

1. **Atonie** : perte de vitalité et d'énergie.

Et faire à ton flanc étonné
Une blessure large et creuse,

Et, vertigineuse douceur !
À travers ces lèvres nouvelles,
35   Plus éclatantes et plus belles,
T'infuser mon venin, ma sœur !

CX[BIS]

LESBOS[1]

Mère des jeux latins et des voluptés grecques,
Lesbos, où les baisers, languissants ou joyeux,
Chauds comme les soleils, frais comme les pastèques,
Font l'ornement des nuits et des jours glorieux ;
5   Mère des jeux latins et des voluptés grecques,

Lesbos, où les baisers sont comme les cascades
Qui se jettent sans peur dans les gouffres sans fonds,
Et courent, sanglotant et gloussant par saccades,
Orageux et secrets, fourmillants et profonds ;
10   Lesbos, où les baisers sont comme les cascades !

Lesbos, où les Phrynés[2] l'une l'autre s'attirent,
Où jamais un soupir ne resta sans écho,
À l'égal de Paphos[3] les étoiles t'admirent,
Et Vénus à bon droit peut jalouser Sapho[4] !
15   Lesbos, où les Phrynés l'une l'autre s'attirent,

---

1. **Lesbos** : île grecque où vivait la poétesse Sapho (VIe siècle avant J.-C.).
2. **Phryné** : courtisane grecque.
3. **Paphos** : autre nom de l'île de Chypre, consacrée à Aphrodite.
4. **Sapho** : poétesse grecque qui célébrait l'amour lesbien.

Lesbos, terre des nuits chaudes et langoureuses,
Qui font qu'à leurs miroirs, stérile volupté !
Les filles aux yeux creux, de leurs corps amoureuses,
Caressent les fruits mûrs de leur nubilité[1],
20 Lesbos, terre des nuits chaudes et langoureuses,

Laisse du vieux Platon se froncer l'œil austère ;
Tu tires ton pardon de l'excès des baisers,
Reine du doux empire, aimable et noble terre,
Et des raffinements toujours inépuisés.
25 Laisse du vieux Platon se froncer l'œil austère.

Tu tires ton pardon de l'éternel martyre,
Infligé sans relâche aux cœurs ambitieux,
Qu'attire loin de nous le radieux sourire
Entrevu vaguement au bord des autres cieux !
30 Tu tires ton pardon de l'éternel martyre !

Qui des Dieux osera, Lesbos, être ton juge
Et condamner ton front pâli dans les travaux,
Si ses balances d'or n'ont pesé le déluge
De larmes qu'à la mer ont versé tes ruisseaux ?
35 Qui des Dieux osera, Lesbos, être ton juge ?

Que nous veulent les lois du juste et de l'injuste ?
Vierges au cœur sublime, honneur de l'archipel,
Votre religion comme une autre est auguste,
Et l'amour se rira de l'Enfer et du Ciel !
40 Que nous veulent les lois du juste et de l'injuste ?

Car Lesbos entre tous m'a choisi sur la terre
Pour chanter le secret de ses vierges en fleurs,
Et je fus dès l'enfance admis au noir mystère

---

1. **Nubilité :** pour une jeune fille, maturité sexuelle.

Des rires effrénés mêlés aux sombres pleurs ;
45 Car Lesbos entre tous m'a choisi sur la terre.

Et depuis lors je veille au sommet de Leucate[1]
Comme une sentinelle à l'œil perçant et sûr,
Qui guette nuit et jour brick[2], tartane[3] ou frégate,
Font les formes au loin frissonnent dans l'azur ;
50 Et depuis lors je veille au sommet de Leucate

Pour savoir si la mer est indulgente et bonne,
Et parmi les sanglots dont le roc retentit
Un soir ramènera vers Lesbos, qui pardonne,
Le cadavre adoré de Sapho, qui partit
55 Pour savoir si la mer est indulgente et bonne !

De la mâle Sapho, l'amante et le poète,
Plus belle que Vénus par ses mornes pâleurs !
– L'œil d'azur est vaincu par l'œil noir que tachette
Le cercle ténébreux tracé par les douleurs
60 De la mâle Sapho, l'amante et le poète !

– Plus belle que Vénus se dressant sur le monde
Et versant les trésors de sa sérénité
Et le rayonnement de sa jeunesse blonde
Sur le vieil Océan de sa fille enchanté ;
65 Plus belle que Vénus se dressant sur le monde !

– De Sapho qui mourut le jour de son blasphème,
Quand, insultant le rite et le culte inventé,
Elle fit son beau corps la pâture suprême
D'un brutal dont l'orgueil punit l'impiété
70 De celle qui mourut le jour de son blasphème.

---

1. **Leucate :** rocher d'où Sapho se serait jetée dans la mer.
2. **Brick :** voilier à deux mâts.
3. **Tartane :** petit bâteau de pêche utilisé en Méditerranée.

Et c'est depuis ce temps que Lesbos se lamente,
Et, malgré les honneurs que lui rend l'univers,
S'enivre chaque nuit du cri de la tourmente
Que poussent vers les cieux ses rivages déserts !
75 Et c'est depuis ce temps que Lesbos se lamente !

CX^{TER}

FEMMES DAMNÉES

DELPHINE ET HIPPOLYTE

À la pâle clarté des lampes languissantes,
Sur de profonds coussins tout imprégnés d'odeur,
Hippolyte rêvait aux caresses puissantes
Qui levaient le rideau de sa jeune candeur.

5 Elle cherchait, d'un œil troublé par la tempête,
De sa naïveté le ciel déjà lointain,
Ainsi qu'un voyageur qui retourne la tête
Vers les horizons bleus dépassés le matin.

De ses yeux amortis les paresseuses larmes,
10 L'air brisé, la stupeur, la morne volupté,
Ses bras vaincus, jetés comme de vaines armes,
Tout servait, tout parait sa fragile beauté.

Étendue à ses pieds, calme et pleine de joie,
Delphine la couvait avec des yeux ardents,
15 Comme un animal fort qui surveille une proie,
Après l'avoir d'abord marquée avec les dents.

Beauté forte à genoux devant la beauté frêle,
Superbe, elle humait voluptueusement

Le vin de son triomphe, et s'allongeait vers elle,
20 Comme pour recueillir un doux remercîment.

Elle cherchait dans l'œil de sa pâle victime
Le cantique muet que chante le plaisir,
Et cette gratitude infinie et sublime
Qui sort de la paupière ainsi qu'un long soupir.

25 – « Hippolyte, cher cœur, que dis-tu de ces choses ?
Comprends-tu maintenant qu'il ne faut pas offrir
L'holocauste[1] sacré de tes premières roses
Aux souffles violents qui pourraient les flétrir ?

« Mes baisers sont légers comme ces éphémères
30 Qui caressent le soir les grands lacs transparents,
Et ceux de ton amant creuseront leurs ornières
Comme des chariots ou des socs déchirants ;

« Ils passeront sur toi comme un lourd attelage
De chevaux et de bœufs aux sabots sans pitié...
35 Hippolyte, ô ma sœur ! tourne donc ton visage,
Toi, mon âme et mon cœur, mon tout et ma moitié,

« Tourne vers moi tes yeux pleins d'azur et d'étoiles !
Pour un de ces regards charmants, baume divin,
Des plaisirs plus obscurs je lèverai les voiles
40 Et je t'endormirai dans un rêve sans fin ! »

Mais Hippolyte alors, levant sa jeune tête :
– « Je ne suis point ingrate et ne me repens pas,
Ma Delphine, je souffre et je suis inquiète,
Comme après un nocturne et terrible repas.

---

1. **Holocauste :** sacrifice.

45 « Je sens fondre sur moi de lourdes épouvantes
   Et de noirs bataillons de fantômes épars,
   Qui veulent me conduire en des routes mouvantes
   Qu'un horizon sanglant ferme de toutes parts.

   « Avons-nous donc commis une action étrange ?
50 Explique, si tu peux, mon trouble et mon effroi :
   Je frissonne de peur quand tu me dis : "Mon ange !"
   Et cependant je sens ma bouche aller vers toi.

   « Ne me regarde pas ainsi, toi, ma pensée !
   Toi que j'aime à jamais, ma sœur d'élection,
55 Quand même tu serais une embûche dressée
   Et le commencement de ma perdition ! »

   Delphine secouant sa crinière tragique,
   Et comme trépignant sur le trépied[1] de fer,
   L'œil fatal, répondit d'une voix despotique :
60 – « Qui donc devant l'amour ose parler d'enfer ?

   « Maudit soit à jamais le rêveur inutile
   Qui voulut le premier, dans sa stupidité,
   S'éprenant d'un problème insoluble et stérile,
   Aux choses de l'amour mêler l'honnêteté !

65 « Celui qui veut unir dans un accord mystique
   L'ombre avec la chaleur, la nuit avec le jour,
   Ne chauffera jamais son corps paralytique
   À ce rouge soleil que l'on nomme l'amour !

   « Va, si tu veux, chercher un fiancé stupide ;
70 Cours offrir un cœur vierge à ses cruels baisers ;

---

1. **Trépied** : allusion à la pythie de l'oracle de Delphes, qui se tenait assise sur un trépied.

Et, pleine de remords et d'horreur, et livide,
Tu me rapporteras tes seins stigmatisés[1]...

« On ne peut ici-bas contenter qu'un seul maître ! »
Mais l'enfant, épanchant une immense douleur,
75 Cria soudain : « – Je sens s'élargir dans mon être
Un abîme béant ; cet abîme est mon cœur !

« Brûlant comme un volcan, profond comme le vide !
Rien ne rassasiera ce monstre gémissant
Et ne rafraîchira la soif de l'Euménide[2]
80 Qui, la torche à la main, le brûle jusqu'au sang.

« Que nos rideaux fermés nous séparent du monde,
Et que la lassitude amène le repos !
Je veux m'anéantir dans ta gorge profonde
Et trouver sur ton sein la fraîcheur des tombeaux ! »

85 – Descendez, descendez, lamentables victimes,
Descendez le chemin de l'enfer éternel !
Plongez au plus profond du gouffre, où tous les crimes,
Flagellés par un vent qui ne vient pas du ciel,

Bouillonnent pêle-mêle avec un bruit d'orage.
90 Ombres folles, courez au but de vos désirs ;
Jamais vous ne pourrez assouvir votre rage,
Et votre châtiment naîtra de vos plaisirs.

Jamais un rayon frais n'éclaira vos cavernes ;
Par les fentes des murs des miasmes[3] fiévreux
95 Filtrent en s'enflammant ainsi que des lanternes
Et pénètrent vos corps de leurs parfums affreux.

---

1. **Stigmatisés** : portant des traces de blessures, semblables à celles du Christ.
2. **Euménide** : dans la mythologie grecque, les Euménides étaient des déesses.
3. **Miasmes** : voir note 4, p. 50.

L'âpre stérilité de votre jouissance
Altère votre soif et roidit votre peau,
Et le vent furibond de la concupiscence
100 Fait claquer votre chair ainsi qu'un vieux drapeau.

Loin des peuples vivants, errantes, condamnées,
À travers les déserts courez comme les loups ;
Faites votre destin, âmes désordonnées,
Et fuyez l'infini que vous portez en vous !

CXV[BIS]

LES MÉTAMORPHOSES DU VAMPIRE

La femme cependant, de sa bouche de fraise,
En se tordant ainsi qu'un serpent sur la braise,
Et pétrissant ses seins sur le fer de son busc[1],
Laissait couler ces mots tout imprégnés de musc[2] :
5 – « Moi, j'ai la lèvre humide, et je sais la science
De perdre au fond d'un lit l'antique conscience.
Je sèche tous les pleurs sur mes seins triomphants,
Et fais rire les vieux du rire des enfants.
Je remplace, pour qui me voit nue et sans voiles,
10 La lune, le soleil, le ciel et les étoiles !
Je suis, mon cher savant, si docte aux voluptés,
Lorsque j'étouffe un homme en mes bras redoutés,
Ou lorsque j'abandonne aux morsures mon buste,
Timide et libertine, et fragile et robuste,
15 Que sur ces matelas qui se pâment d'émoi,
Les anges impuissants se damneraient pour moi ! »

---

1. **Busc :** tige rigide, utilisée pour maintenir les corsages.
2. **Musc :** voir note 3, p. 52.

Quand elle eut de mes os sucé toute la moelle,
Et que languissamment je me tournai vers elle
Pour lui rendre un baiser d'amour, je ne vis plus
20 Qu'une outre aux flancs gluants, toute pleine de pus !
Je fermai les deux yeux, dans ma froide épouvante,
Et quand je les rouvris à la clarté vivante,
À mes côtés, au lieu du mannequin puissant
Qui semblait avoir fait provision de sang,
25 Tremblaient confusément des débris de squelette,
Qui d'eux-mêmes rendaient le cri d'une girouette
Ou d'une enseigne, au bout d'une tringle de fer,
Que balance le vent pendant les nuits d'hiver.

Ch. Baudelaire

Comment lire l'œuvre

Baudelaire est un adepte de la tradition formée au début du XVIIᵉ siècle par Malherbe. Il trouve également dans la poésie de la Renaissance, chez Ronsard en particulier, des thèmes d'inspiration ou des modèles formels, comme le blason du corps féminin, qui inspirera d'ailleurs encore certains poètes du XXᵉ siècle, comme Eluard ou Aragon (voir p. 274).

Mais si les formes poétiques utilisées par Baudelaire sont généralement classiques, les termes employés, le travail de l'imagination poétique sont particulièrement novateurs. Baudelaire a systématiquement placé la réflexion sur le beau et la mise en question du travail poétique au cœur même de sa poésie. En cela, il est le premier des poètes modernes.

Le sonnet

Au premier rang des formes classiques utilisées par Baudelaire, le sonnet. Forme fixe, importée d'Italie par la Renaissance, le sonnet se compose de quatorze vers, deux quatrains de rimes embrassées, suivis de deux tercets dont l'agencement rimique a d'abord été laissé libre avant que s'imposent deux modèles : deux rimes plates suivies de quatre vers aux rimes croisées *(ccd ede)* ou, éventuellement, de deux rimes plates suivies de quatre vers aux rimes embrassées *(ccd eed)*. Privilégiant d'abord la thématique amoureuse, à l'exemple du poète italien Pétrarque, le sonnet s'est ouvert à la satire, à la description. Espace clos, forme concentrée, son architecture est souvent agencée de façon à mettre en valeur le dernier vers, appelé aussi chute ou pointe, porteur d'un effet de surprise.

On compte quarante-sept sonnets sur les cents poèmes de l'édition de 1857. C'est la forme privilégiée de la poétique baudelairienne : « Parce que la forme est contraignante, l'idée jaillit plus intense, écrit-il en 1860. Tout va bien au sonnet : la bouffonnerie, la galanterie, la passion, la rêverie, la méditation philosophique. Il y a là la beauté du métal et du minerai bien travaillés. » Mais, contrairement aux poètes du Parnasse contemporain, Baudelaire prend des libertés avec la tradition. Quatre seulement des sonnets des *Fleurs du mal* sont réguliers et respectent le schéma rimique *abba abba ccd ede*. Pour Baudelaire, aussi stimulante que soit la contrainte formelle, elle ne doit pas devenir restrictive et imperméable au génie du poète. (Elle ne doit pas être un obstacle au principe même de la poésie, de l'imagination, « reine des facultés »).

La rime

Si Baudelaire ne respecte pas à la lettre le schéma fixé par la tradition pour le sonnet, cela ne l'empêche pas de se fixer la contrainte d'un travail de recherche difficile sur la rime. On remarque une proportion importante de rimes riches dans *Les Fleurs du mal*, c'est-à-dire de rimes comportant plus de trois sons distincts répétés, comme dans « La Beauté » : pierre / matière (vers 1 et 4), cygnes / lignes (vers 6 et 7) et attitudes / études (vers 9 et 11). Son goût de la rime riche ou recherchée, comme celle qui consiste à faire rimer deux mots entiers, identiques d'un point de vue sonore mais de sens différents, s'apparente à celui des poètes parnassiens. Comme la forme fixe du sonnet, la contrainte de la rime est productive de sens. Elle est une contrainte qui génère des images, comme dans « Sed non satiata », où l'emploi du terme « havane » oblige Baudelaire à convoquer les termes de « caravane », « savane » et « pavane » pour produire une rime très riche.
Ce travail sur la sonorité de la rime est souvent renforcé par de nombreux jeux sonores, allitérations et assonances, mais également hiatus, pourtant proscrit par la poétique classique. « Correspondances », avec en particulier l'assonance en « an » du dernier tercet, qui reprend et amplifie la rime du tercet précédent (« Ayant l'expansion des choses infinies, / Comme l'ambre, le musc, le benjoin et l'encens, / Qui chantent les transports de l'esprit et des sens »), et « À une passante », dont le premier vers, comportant deux hiatus, a été très commenté (« La rue assourdissante autour de moi hurlait »), en sont deux exemples éclatants, parmi bien d'autres.

La strophe

Quand il ne pratique pas le sonnet, Baudelaire recourt cependant le plus souvent à une organisation strophique, généralement le quatrain. Cependant, on trouve aussi dans *Les Fleurs du mal* des quintils (strophes de cinq vers, comme dans « La Chevelure », « Le Balcon », « Réversibilité »), ce qui est rare pour l'époque.

Attentif à la musicalité du vers, Baudelaire utilise des formes de la répétition, proches de la musique, comme le refrain (« L'Invitation au voyage », « Les Litanies de Satan »), le vers repetens (répétition d'un vers ou d'un groupe de vers encadrant la strophe par exemple dans « Le Balcon », « Réversibilité », « Moesta et errabunda ») ou encore la forme du pantoum, poème malais découvert par Théodore de Banville, qui consiste à reprendre au premier et troisième vers de la strophe les deuxième et quatrième vers de la strophe précédente (« Harmonie du soir »). Baudelaire renchérit sur la difficulté en construisant tout le poème sur deux rimes seulement (oir / ige).

Le vers

Le mètre privilégié est l'alexandrin, suivi par l'octosyllabe, plus rarement le décasyllabe. Baudelaire sait tirer des effets de musicalité en utilisant deux mètres différents dans le même poème, comme dans « L'Invitation au voyage » ou, significativement, dans « La Musique », où les alexandrins alternent avec les pentasyllabes (« La musique souvent me prend comme une mer ! / Vers ma pâle étoile, / Sous un plafond de brume ou dans un vaste éther, / Je mets à la voile »). L'utilisation de mètres impairs (nombre impair de syllabes), rare dans *Les Fleurs du mal*, ouvre cependant la voie à Verlaine, qui en fera grand usage, le jugeant plus propre que les mètres pairs à exprimer la musicalité du vers. Qu'on en juge par la lecture de « L'Invitation au voyage », où se succèdent pentasyllabes et heptasyllabes.

Respectant généralement le principe classique de la césure à l'hémistiche, Baudelaire doit aux poètes romantiques un usage assez marqué de l'enjambement (rejet ou contre-rejet) interne ou externe, qui lui permet d'obtenir des effets de mise en relief saisissants (voir par exemple dans « Les Sept Vieillards » le rejet au vers 17 du verbe « M'apparut », dont le sujet se trouve au vers 13).

Toutefois, venant aussi bien de Rimbaud (« … la forme si vantée en lui est mesquine : les inventeurs d'inconnu réclament des formes nouvelles », *Lettre au voyant*) que de Valéry (qui parle dans *Variété* de « l'attristante banalité de beaucoup de vers baudelairiens ») et d'autres critiques des *Fleurs du mal*, nombreuses sont les réserves qui se sont exprimées à propos de la poétique de Baudelaire. L'auteur des *Fleurs du mal*, encore faut-il le rappeler, a toujours affirmé son attachement aux principes classiques de la poésie. Dans le *Salon de 1859*, il déclare : « il est évident que les rhétoriques et les prosodies ne sont pas des tyrannies inventées arbitrairement, mais une collection de règles réclamées par l'organisation même de l'être spirituel. Et jamais les prosodies et les rhétoriques n'ont empêché l'originalité de se produire distinctement. Le contraire… serait infiniment plus vrai. » Outre sa parfaite maîtrise de la prosodie classique, son sens aigu de la musicalité et de l'expressivité du vers, la véritable originalité de la poétique baudelairienne réside sans doute dans l'imagination. Baudelaire est, selon Rimbaud, « le premier des voyants, roi des poètes, un vrai Dieu ».

L'imagination

Baudelaire se définissait lui-même comme un « surnaturaliste ». « Je voudrais, écrit-il, des prairies peintes en rouge et des arbres peints en bleu. La Nature n'a pas d'imagination. » Le poète est un observateur de la Nature, ce qui ne signifie pas qu'il se contente d'en chercher par les mots un équivalent platement fidèle. La tâche du poète est bien celle que décrira plus tard Rimbaud : « être un voyant, c'est-à-dire atteindre le monde intelligible, dont le monde sensible ne donne qu'une image imparfaite ». Cette conception est celle de la fameuse théorie des correspondances. Par les synesthésies, associations « horizontales » entre les différents ordres sensoriels (« Les parfums, les couleurs et les sons se répondent ») et les correspondances verticales entre le monde sensible, hiéroglyphique (« La Nature est un temple où de vivants piliers / Laissent parfois sortir de confuses paroles ; / L'homme y passe à travers des forêts de symboles ») et le monde idéal de l'intelligible, le poète déchiffre le monde et entrevoit la permanence du monde des idées.

Les correspondances

La théorie baudelairienne des correspondances, élément essentiel de sa poésie et de sa poétique, doit beaucoup à Platon. Le mythe de la caverne, dans la *République* de Platon, décrit l'homme enchaîné dans l'obscurité. Il ne perçoit du monde extérieur que les ombres que celui-ci projette, sous la lumière du soleil, dans le fond de la caverne. Seule la connaissance peut lui permettre d'accéder à la lumière, qui représente le monde des idées, tandis que les ombres représentent le monde terrestre, confus et imparfait. Le mystique suédois Swedenborg, inspirateur de Baudelaire, s'est intéressé aux rapports qui unissent Dieu et le monde sensible. L'âme est ce qui permet à l'homme d'établir, au sein du monde sensible, un contact avec l'univers spirituel de Dieu. La réminiscence, dans cette perspective, est le souvenir que l'âme garde du temps d'avant la naissance, quand elle n'était pas incarnée et se trouvait au contact du monde invisible. L'imagination est pour Baudelaire la faculté qui permet au poète de saisir l'universelle analogie qui régit les signes du monde sensible. C'est par l'art, c'est-à-dire pour lui par le verbe, par les mots, que l'on peut atteindre l'unicité de l'intelligible, véritable paradis révélé.

Les figures privilégiées

C'est pourquoi les figures de l'analogie, de la comparaison, de la métaphore principalement, mais également de l'allégorie et de la personnification, sont les figures centrales de sa poétique. Elle permettent tout d'abord une exploration dynamique des innombrables sensations qui s'offrent au poète. Les exemples sont nombreux. On peut citer par exemple « Élévation », « Et bois, comme une pure et divine liqueur, / Le feu clair qui remplit les espaces limpides » ; « Les Phares », « Rubens, fleuve d'oubli, jardin de la paresse, / Oreiller de chair fraîche… » ; « La Muse malade », « Et que ton sang chrétien coulât à flots rythmiques, / Comme les sons nombreux des syllabes antiques » ou « La Chevelure », poème particulièrement riche en métaphores et en comparaisons visuelles, olfactives, tactiles, « Ô toison, moutonnant jusque sur l'encolure ! / Ô boucles ! Ô parfum chargé de nonchaloir ! / Extase ! Pour peupler ce soir l'alcôve obscure / Des souvenirs dormant dans cette chevelure, / Je la veux agiter dans l'air comme un mouchoir ! ». Ces figures sont le lieu chez Baudelaire de rapprochements inattendus, provocants : « Serré, fourmillant, comme un million d'helminthes, / Dans nos cerveaux ribote un peuple de Démons » (« Au lecteur »). « Une charogne » est tout entier construit sur les rapprochements incongrus entre la décomposition et l'efflorescence (« Et le ciel regardait la carcasse superbe / Comme une fleur s'épanouir »), entre la putréfaction et les gestes de l'amour (« … une charogne infâme / Sur un lit semé de cailloux, / Les jambes en l'air, comme une femme lubrique, / Brûlante et suant les poisons »). On peut même dire que certaines images baudelairiennes préfiguraient la poésie surréaliste, comme « Nous volons au passage un plaisir clandestin / Que nous pressons bien fort comme une vieille orange » (« Au lecteur »).

L'oxymore, enfin, remplit une fonction centrale dans le langage poétique de Baudelaire. Parce qu'il associe des sensations, des émotions, des faits éloignés ou opposés (« Tigre adoré », « sublime ignominie », « un jour noir », etc.), il est la figure reine d'une écriture qui cherche à rassembler les fragments disloqués de l'expérience humaine.

La femme

Trois figures de femmes

Un grand nombre des poèmes des *Fleurs du mal* est consacré à des figures féminines assez diverses. Trois figures inspirées par Jeanne Duval, Madame Sabatier et Marie Daubrun se détachent de l'ensemble, par la place que le poète leur a consacrée dans « Spleen et Idéal » (voir Synthèse sur « Spleen et Idéal »). Chacune incarne un type de femme, un rôle différent dans la mythologie imaginaire du recueil.

Jeanne Duval est la belle Maure, la femme exotique, qui ouvre au poète l'accès à l'infini des sensations offertes par la nature. (« Tout un monde lointain, absent, presque défunt, / Vit dans tes profondeurs, forêt aromatique ! », « La Chevelure »).

Madame Sabatier est l'ange de lumière (« Réversibilité ») capable d'apporter la rédemption au poète. Par opposition à Jeanne Duval, qui incarnait une sensualité le plus souvent maléfique, elle est un fantôme, une présence immatérielle.

Plus mystérieuse, plus ambiguë, Marie Daubrun, est la sœur spirituelle, la femme des ciels brouillés. Femme de douceur, elle reste cependant énigmatique, insaisissable.

Un être de la duplicité

Chacune de ces femmes porte la marque de la duplicité féminine. La femme chez Baudelaire est souvent mystérieuse, double. La figure la plus fréquemment utilisée pour évoquer ces figures est l'oxymore. Jeanne Duval est à la fois la vie et la mort. Apportant le plaisir et la sensualité, elle est aussi démoniaque : « Ô fangeuse grandeur ! sublime ignominie ! » (« Tu mettrais l'univers entier dans ta ruelle… ») ou « C'est Elle ! noire et pourtant lumineuse » (« Un fantôme »). Marie Daubrun est à la fois, « poison » et « nectar », « ciel » et « gouffre ». « L'Irréparable » la présente à la fois comme une fée et comme une sorcière.

La femme interdite

« L'Invitation au voyage », sur un rythme de berceuse, inscrit l'amour sous le signe de l'enfance, mais également sous le signe de l'inceste. L'emploi du conditionnel, qui irréalise ce voyage rêvé, en signale aussi, de façon discrète, l'interdit. L'amante est ici une sœur, comme dans « À celle qui est trop gaie » (voir le dernier vers : « T'infuser mon venin, ma sœur ! »), ou dans « Le Vin des amants » (« vers 12 : « Ma sœur, côte à côte nageant »).

La lesbienne occupe une place à part dans l'imaginaire baudelairien. Seuls trois poèmes prennent explicitement pour thème l'homosexualité féminine. Mais si l'on se souvient que Baudelaire avait un moment projeté d'intituler son recueil *Les Lesbiennes*, on redonnera toute son importance à cette figure. Femmes infécondes, qui transgressent la loi sociale, les lesbiennes fascinent le poète qui voit en elles à la fois un idéal érotique par leur caractère inaccessible à l'homme, et une image en miroir de sa condition d'être marginal et exilé (« Pauvres sœurs, je vous aime autant que je vous plains », CXI, « Femmes damnées »).

La femme ennemie

C'est dans le cycle de Jeanne Duval que la relation du poète à la femme prend le plus nettement un aspect sado-masochiste : « Infâme à qui je suis lié / Comme le forçat à la chaîne », « Imbécile ! – de son empire / Si nos efforts te délivraient, / Tes baisers ressusciteraient / Le cadavre de ton vampire ! » (« Le Vampire »). L'amour y est lutte à mort : « Ces jeux, ces cliquetis du fer sont les vacarmes / D'une jeunesse en proie à l'amour vagissant » (« Duellum »). « De profundis clamavi », « Le Possédé », « À une madone », ainsi que bien d'autres poèmes présentent le poète comme une victime consentante ou impuissante de la femme aimée, de sa cruauté et de son pouvoir de destruction. « À celle qui est trop gaie », poème condamné en 1857, identifie par une métaphore l'acte sexuel à un acte de mise à mort : « Pour châtier ta chair joyeuse, / Pour meurtrir ton sein pardonné, / Et faire à ton flanc étonné / Une blessure large et creuse, / Et, vertigineuse douceur ! / À travers ces lèvres nouvelles, / Plus éclatantes et plus belles, / T'infuser mon venin, ma sœur ! » Le sexe féminin se fait ici blessure ouverte, la pénétration empoisonnement par la sève empoisonnée du poète.

Correspondances

La célébration poétique de la femme aimée

- Ronsard, *Amours de Marie*, 1556.
- Hugo, « Elle était déchaussée, elle était décoiffée », *Les Contemplations*, 1856.
- Baudelaire, « Le Flambeau vivant » et « Ciel brouillé », *Les Fleurs du mal*.
- Verlaine, *Poèmes saturniens*, 1866.
- Eluard, « La courbe de tes yeux », *Capitale de la douleur*, 1926.

— 1 ————————————————————

Marie vous avez la joue aussi vermeille
Qu'une rose de Mai, vous avez les cheveux
Entre bruns et châtains, frisés de mille nœuds,
Gentement tortillés tout autour de l'oreille.
Quand vous étiez petite, une mignarde abeille
Sur vos lèvres forma son nectar savoureux,
Amour laissa ses traits en vos yeux rigoureux,
Pithon vous fit la voix à nulle autre pareille.
Vous avez les tétins comme deux monts de lait,
Qui pommellent ainsi qu'au printemps nouvelet
Pommellent deux boutons que leur châsse environne.
De Junon sont vos bras, des Grâces votre sein,
Vous avez de l'Aurore et le front et la main,
Mais vous avez le cœur d'une fière Lionne.

Ronsard, *Amours de Marie*, *Amours* II, II.

—2

Elle était déchaussée, elle était décoiffée,
Assise, les pieds nus, parmi les joncs penchants ;
Moi, qui passais par là, je crus voir une fée,
Et je lui dis : Veux-tu t'en venir dans les champs ?

Elle me regarda de ce regard suprême
Qui reste à la beauté quand nous en triomphons,
Et je lui dis : Veux-tu, c'est le mois où l'on aime,
Veux-tu nous en aller sous les arbres profonds ?

Elle essuya ses pieds à l'herbe de la rive ;
Elle me regarda pour la seconde fois,
Et la belle folâtre alors devint pensive.
Oh ! comme les oiseaux chantaient au fond des bois !

Comme l'eau caressait doucement le rivage !
Je vis venir à moi, dans les grands roseaux verts,
La belle fille heureuse, effarée et sauvage,
Ses cheveux dans ses yeux, et riant au travers.

Victor Hugo, *Les Contemplations*, Livre I, XXI.

—3

Mon rêve familier

Je fais souvent ce rêve étrange et pénétrant :
D'une femme inconnue, et que j'aime, et qui m'aime,
Et qui n'est, chaque fois, ni tout à fait la même
Ni tout à fait une autre, et m'aime et me comprend.

Car elle me comprend, et mon cœur transparent
Pour elle seule, hélas ! cesse d'être un problème
Pour elle seule, et les moiteurs de mon front blême,
Elle seule les sait rafraîchir, en pleurant.

Est-elle brune, blonde ou rousse ? – Je l'ignore.
Son nom ? Je me souviens qu'il est doux et sonore
Comme ceux des aimés que la Vie exila.

Son regard est pareil au regard des statues,
Et, pour sa voix, lointaine, et calme, et grave, elle a
L'inflexion des voix chères qui se sont tues.

Paul Verlaine, *Poèmes saturniens*, 1866.

—4—

La courbe de tes yeux fait le tour de mon cœur,
Un rond de danse et de douceur,
Auréole du temps, berceau nocturne et sûr,
Et si je ne sais plus tout ce que j'ai vécu
C'est que tes yeux ne m'ont pas toujours vu.

Feuilles de jour et mousse de rosée,
Roseaux du vent, sourires parfumés,
Ailes couvrant le monde de lumière,
Bateaux chargés du ciel et de la mer,
Chasseurs des bruits et sources des couleurs.

Parfums éclos d'une couvée d'aurores
Qui gît toujours sur la paille des astres,
Comme le jour dépend de tes yeux purs
Le monde entier dépend de tes yeux purs
Et tout mon sang coule dans leurs regards.

Paul Éluard, *Capitale de la douleur.*

Le voyage

L'exotisme

L'attrait de l'exotisme n'est pas nouveau au XIXᵉ siècle, le siècle précédent avait déjà connu une fascination pour les contrées lointaines. Mais, grâce aux progrès techniques en matière de transport, le XIXᵉ siècle est le grand siècle des voyages. Chateaubriand fait en 1791 un voyage en Amérique, en 1807 un voyage en Orient dont il rapportera une moisson d'images et de réflexions qui imprégneront son écriture. Nerval écrit en 1851 un *Voyage en Orient*, récit de son expédition au Moyen-Orient. Pour eux, comme pour Baudelaire, le voyage réel, qui est une évasion, appelle le voyage rêvé, le voyage intérieur, dans l'imagination. Hugo, Gautier, plus tard Flaubert, parcourront des pays éloignés et puiseront dans cette expérience un matériau poétique ou romanesque. La peinture romantique (Géricault, Delacroix) reflète aussi largement ce goût pour l'exotisme.

Les Fleurs du mal relèvent aussi d'une inspiration exotique et font une place importante au thème du voyage. Le terme apparaît à quatre reprises dans les titres de poèmes (« Bohémiens en voyage », « L'Invitation au voyage », « Le Voyage à Cythère » et « Le Voyage »). De nombreux poèmes évoquent des lieux éloignés et mythiques : l'Asie, l'Afrique, l'Inde, la Chine, Lesbos, Cythère, etc. La mer est un élément récurrent des *Fleurs du mal*. Enfin, on a pu voir dans plusieurs poèmes (« À une dame créole », « À une Malabaraise », « L'Albatros », « La Vie antérieure », « Correspondances », « Parfum exotique », « La Chevelure ») des images, des parfums, des couleurs souvenirs de l'unique voyage que fit Baudelaire dans sa jeunesse, le voyage forcé vers l'Orient.

L'appel de l'ailleurs

Ce thème est souvent associé à la femme, qui appelle le poète vers un ailleurs :

Guidé par ton odeur vers de charmants climats,
Je vois un port rempli de voiles et de mâts
Encor tout fatigués par la vague marine [...]

« Parfum exotique ».

Comme un navire qui s'éveille
Au vent du matin,
Mon âme rêveuse appareille
Pour un ciel lointain.

« Le serpent qui danse ».

ou qui lui sert de médiatrice,

Quand tu vas balayant l'air de ta jupe large,
Tu fais l'effet d'un beau vaisseau qui prend le large [...]

« Le Beau Navire ».

Comme les paradis artificiels, la sensualité féminine engendre des rêves d'ailleurs mais le voyage est avant tout, chez Baudelaire

comme chez Chateaubriand ou Nerval, un voyage intérieur.
Le voyage est une volonté de rupture, une volonté de fuir l'espace du spleen, qui est immobilité, pesanteur, enfermement :

Quand le ciel bas et lourd pèse comme un couvercle
Sur l'esprit gémissant en proie aux longs ennuis, [...]
Quand la terre est changée en un cachot humide, [...]
Quand la pluie étalant ses immenses traînées
D'une vaste prison imite les barrreaux [...]

LXXVIII, « Spleen ».

Au contraire, le voyage est espoir de mouvement, d'ouverture, de lumière :

    – Les soleils couchants
    Revêtent les champs,
    Les canaux, la ville entière,
    – D'hyacinthe et d'or [...]

« L'Invitation au voyage ».

Le voyage symbolique

Plusieurs poèmes associent le voyage à un retour vers le monde de l'enfance : « L'Invitation au voyage », « La Vie antérieure » ou encore « Moesta et errabunda » :

Mais le vert paradis des amours enfantines, [...]
L'innocent paradis, plein de plaisirs furtifs,
Est-il déjà plus loin que l'Inde et que la Chine ?
Peut-on le rappeler avec des cris plaintifs,
Et l'animer encor d'une voix argentine,
L'innocent paradis plein de plaisirs furtifs ?

Mœsta et errabunda.

Plongée à l'intérieur de soi-même, tendu par la nostalgie d'un paradis perdu, le voyage n'est souvent qu'un rêve irréalisable. Seul « L'Invitation au voyage » offre l'image d'un port, associé à la douceur et à la paix (« Vois sur ces canaux / Dormir ces vaisseaux »).
Finalement, ces voyages sont autant d'échecs ou de déceptions :

Amer savoir, celui qu'on tire du voyage !
Le monde, monotone et petit, aujourd'hui,
Hier, demain, toujours, nous fait voir notre image :
Une oasis d'horreur dans un désert d'ennui !

« Le Voyage », section VII.

En ce sens, ils sont une préfiguration de l'issue ultime, la mort :

Dans ton île, ô Vénus ! je n'ai trouvé debout
Qu'un gibet symbolique où pendait mon image...

« Le Voyage à Cythère ».

et une mort désirée :

Ô Mort, vieux capitaine, il est temps ! levons l'ancre !
Ce pays nous ennuie, ô Mort ! Appareillons !

« Le Voyage » section VIII.

Correspondances

Le voyage dans la poésie du XIXᵉ et du XXᵉ siècle

- Baudelaire, « Le Voyage », sections VII et VIII.
- Rimbaud, « Le Bateau ivre... », *Poésies*, 1871.
- Mallarmé, « Brise marine », *Poésies*, 1865.
- Apollinaire, « Le Voyageur », *Alcools*, 1913.

–1

Or moi, bateau perdu sous les cheveux des anses,
Jeté par l'ouragan dans l'éther sans oiseau,
Moi dont les Monitors et les voiliers des Hanses
N'auraient pas repêché la carcasse ivre d'eau,

Libre, fumant, monté de brumes violettes,
Moi qui trouais le ciel rougeoyant comme un mur,
Qui porte, confiture exquise aux bons poètes,
Des lichens de soleil et des morves d'azur ;

Qui courais, taché de lunules électriques,
Planche folle, escorté des hippocampes noirs,
Quand les juillets faisaient crouler à coups de triques
Les cieux ultramarins aux ardents entonnoirs ;

Moi qui tremblais, sentant geindre à cinquante lieues
Le rut des Béhémots et les Maelstroms épais,
Fileur éternel des immobilités bleues,
Je regrette l'Europe aux anciens parapets !

J'ai vu des archipels sidéraux ! et des îles
Dont les cieux délirants sont ouverts au vogueur :
– Est-ce en ces nuits sans fonds que tu dors et t'exiles,
Million d'oiseaux d'or, ô future Vigueur ? –

Mais, vrai, j'ai trop pleuré ! Les Aubes sont navrantes.
Toute lune est atroce et tout soleil amer :
L'âcre amour m'a gonflé de torpeurs enivrantes.
Ô que ma quille éclate ! Ô que j'aille à la mer !

Si je désire une eau d'Europe, c'est la flache
Noire et froide où vers le crépuscule embaumé
Un enfant accroupi plein de tristesses, lâche
Un bateau frêle comme un papillon de mai.

Je ne puis plus, baigné de vos langueurs, ô lames,
Enlever leur sillage aux porteurs de cotons,
Ni traverser l'orgueil des drapeaux et des flammes,
Ni nager sous les yeux horribles des pontons.

> Rimbaud, « Le Bateau ivre » (extrait).

2

La chair est triste, hélas ! et j'ai lu tous les livres.
Fuir ! là-bas fuir ! Je sens que des oiseaux sont ivres
D'être parmi l'écume inconnue et les cieux !
Rien, ni les vieux jardins reflétés par les yeux
Ne retiendra ce cœur qui dans la mer se trempe
Ô nuits ! ni la clarté déserte de ma lampe
Sur le vide papier que la blancheur défend
Et ni la jeune femme allaitant son enfant.

Je partirai ! Steamer balançant ta mâture,
Lève l'ancre pour une exotique nature !

Un Ennui, désolé par les cruels espoirs,
Croit encore à l'adieu suprême des mouchoirs !
Et, peut-être, les mâts, invitant les orages
Sont-ils de ceux qu'un vent penche sur les naufrages
Perdus, sans mâts, sans mâts, ni fertiles îlots...
Mais, ô mon cœur, entends le chant des matelots !

Mallarmé, « Brise marine ».

—3—

Ouvrez-moi cette porte où je frappe en pleurant

La vie est variable aussi bien que l'Euripe

Tu regardais un banc de nuages descendre
Avec le paquebot orphelin vers les fièvres futures
Et de tous ces regrets de tous ces repentirs
    Te souviens-tu

Vagues poissons arqués fleurs surmarines
Une nuit c'était la mer
Et les fleuves s'y répandaient

Je m'en souviens je m'en souviens encore

Un soir je descendis dans une auberge triste
Auprès de Luxembourg
Dans le fond de la salle il s'envolait un Christ
Quelqu'un avait un furet
Un autre un hérisson
L'on jouait aux cartes
Et toi tu m'avais oublié

Te souviens-tu du long orphelinat des gares
Nous traversâmes des villes qui tout le jour tournaient
Et vomissaient la nuit le soleil des journées
Ô matelots ô femmes sombres et vous mes compagnons
    Souvenez-vous-en

Deux matelots qui ne s'étaient jamais quittés
Deux matelots qui ne s'étaient jamais parlés
Le plus jeune en mourant tomba sur le côté

    Ô vous chers compagnons
Sonneries électriques des gares chant des moissonneuses
Traîneau d'un boucher régiment des rues sans nombre
Cavalerie des ponts nuits livides de l'alcool
Les villes que j'ai vues vivaient comme des folles

Te souviens-tu des banlieues et du troupeau plaintif des paysages
Les cyprès projetaient sous la lune leurs ombres
J'écoutais cette nuit au déclin de l'été
Un oiseau langoureux et toujours irrité
Et le bruit éternel d'un fleuve large et sombre

Mais tandis que mourants roulaient vers l'estuaire
Tous les regards tous les regards de tous les yeux
Les bords étaient déserts herbus silencieux
Et la montagne à l'autre rive était très claire
Alors sans bruit sans qu'on pût voir rien de vivant
Contre le mont passèrent des ombres vivaces
De profil ou soudain tournant leurs vagues faces
Et tenant l'ombre de leurs lances en avant

Les ombres contre le mont perpendiculaire
Grandissaient ou parfois s'abaissaient brusquement
Et ces ombres barbues pleuraient humainement
En glissant pas à pas sur la montagne claire

Qui donc reconnais-tu sur ces vieilles photographies
Te souviens-tu du jour où une abeille tomba dans le feu
C'était tu t'en souviens à la fin de l'été
Deux matelots qui ne s'étaient jamais quittés
L'aîné portait au cou une chaîne de fer
Le plus jeune mettait ses cheveux blonds en tresse

Ouvrez-moi cette porte où je frappe en pleurant

La vie est variable aussi bien que l'Euripe

                      Apollinaire, « Le Voyageur ».

...ime, cadavre, putréfaction, cimetières, ...eaux, pendus, squelettes, n'ont pas attendu le ...cle pour trouver place en poésie. Villon, déjà, avec « La Ballade des pendus », Marot, Ronsard, suivis de la constellation des poètes baroques, entre 1570 et 1630, font de la mort un thème central de la création poétique. Lieux infernaux, espaces nocturnes, couleurs sombres, bestiaire démoniaque forment un paysage mental marqué par l'angoisse et sont chargés, pour les baroques, d'un attrait irrésistible. La femme y prend les traits d'une maîtresse cruelle, d'une divinité infernale dont le poète est le jouet. Cette source d'inspiration est familière à Baudelaire : en 1855, les dix-huit pièces publiées dans *La Revue des Deux Mondes* sont accompagnées d'une épigraphe empruntée aux *Tragiques* du poète baroque Agrippa d'Aubigné :

On dit qu'il faut couler les exécrables choses
Dans le puits de l'oubli et au sépulcre encloses,
Et que par les écrits le mal ressuscité
Infectera les mœurs de la postérité :
Mais le vice n'a point pour mère la science,
Et la vertu n'est pas fille de l'ignorance [...]

Les Tragiques, livre II, *Princes*, extrait..

Pourtant, c'est chez les romantiques mineurs (Pétrus Borel, par exemple), qui ont renoué avec cette esthétique, que Baudelaire puisera des modèles.
« Une charogne » est l'exemple même dans la poésie de Baudelaire de ce goût pour le morbide, de cet intérêt pour la corruption, qui se renverse en une célébration de la nature et de la vie (voir Examen méthodique, p. 85). La dimension provocatrice, satirique de ce poème rappelle les poètes baroques et plus particulièrement Ronsard, avec l'évocation de la décomposition de la femme aimée, que seul le poète pourra sauver de l'oubli.

Trois poèmes sont entièrement consacrés à la repré[...]
allégorique de la mort : « Une gravure fantastique »[...]
Squelette laboureur », « Danse macabre ». La plupart[...]
poèmes comportent une référence, une allusion à la mort[...]
à ses attributs poétiques, la froideur, l'obscurité, le silence,
l'immobilité, l'insensibilité. Dès le poème liminaire, la mort
apparaît, universelle, omniprésente :

Et, quand nous respirons, la Mort dans nos poumons
Descend, fleuve invisible, avec de sourdes plaintes.

« Au lecteur ».

Elle est le thème central des *Fleurs du mal*.

Le désir de la mort

L'importance des références à la mort, des figures associées à la
mort, comme Dom Juan, suffit à nous convaincre de la place
centrale de cette notion dans l'itinéraire des *Fleurs du mal*.
Associée à la vie elle-même (« Une charogne »), la mort est un
élément de l'expérience quotidienne, illustrée par de nombreux
poèmes des « Tableaux parisiens ». Elle est aussi une question
esthétique, indissociable de toute réflexion sur la beauté :

Je suis belle, ô mortels ! comme un rêve de pierre.

« La Beauté ».

Tu marches sur les morts, Beauté, dont tu te moques.

« Hymne à la beauté ».

Porteuse de significations diverses, et même contradictoires, la
mort est d'abord objet d'angoisse. Elle figure la menace de des-
truction, l'hostilité du monde. Surtout, elle est le sens même du
temps qui passe, temps, « Noir assassin de la Vie et de l'Art »
(« Un fantôme »). Bornant l'avenir du poète, elle lui fait sentir
son impuissance. Le spleen emprunte à la mort nombre de ses
traits (voir les poèmes du « Spleen et Idéal », par exemple :

Il arrive souvent que sa voix affaiblie
Semble le râle épais d'un blessé qu'on oublie
Au bord d'un lac de sang, sous un grand tas de morts,
Et qui meurt, sans bouger, dans d'immenses efforts.

« La Cloche fêlée ».

Au fil du recueil se constitue cependant une image de la mort désirable, concurrente de la mort qui détruit. Si la mort est inévitable et constitue un pôle d'attraction irrésistible (« Courte tâche ! La tombe attend ; elle est avide ! », « Chant d'automne »), on remarquera qu'elle est presque systématiquement associée à l'amour (voir entre autres les poèmes XL, XLIII, XLVII, XLIX et « Le Poison », dans les pièces condamnées). La mort est aussi dans *Les Fleurs du mal* objet de désir pour le poète (« Je veux dormir ! dormir plutôt que vivre ! », « Le Léthé », dans les pièces condamnées), l'espoir d'un lieu de paix (« L'Enfer où mon cœur se plaît », Horreur sympathique). Face à la souffrance ressentie par le poète, se développe également une angoisse de ne pas pouvoir mourir (dans « Sépulture », « Le Goût du néant » ou « Le Mort joyeux », par exemple). À l'issue du parcours proposé au lecteur, la dernière section du recueil présente une image positive de la mort.

La mort refuge

L'édition de 1857 des *Fleurs du mal* s'achevait par l'image exclusive d'une mort refuge, d'une mort ouvrant sur l'éternité (« C'est le portique ouvert sur les Cieux inconnus ! », « La Mort des pauvres » ; « C'est que la Mort, planant comme un soleil nouveau, Fera s'épanouir les fleurs de leur cerveau ! », « La Mort des artistes »). L'édition de 1861 propose une vision moins univoque de la mort. Associée à l'inconnu, elle n'est plus un objet de certitude, mais de nouveau un espoir, une promesse, peut-être un pari.

Au centre de l'expérience humaine, présente à chaque seconde du temps qui s'écoule, la mort est aussi chez Baudelaire au centre de l'expérience créatrice qui est une lutte contre la mort. La seule solution, pour le poète des

Fleurs du mal, est de choisir la mort, d'en faire un moyen de connaissance, la notion centrale de sa poétique, ainsi que le formule J.-E. Jackson dans son étude sur Baudelaire :

De l'aveu liminaire de la finitude dans « Au lecteur » à la reconnaissance de la mort comme destin et comme espoir dans « La Mort des artistes » ou dans « Le Voyage », Baudelaire peut donc revendiquer à bon droit pour son livre cet « éloge » d'une composition concertée : le commencement et la fin des *Fleurs du mal,* comme aussi leur centre, c'est cette conscience de la mort, qui est inséparable de celle du Mal, autant, nous le verrons, que celle de la Beauté – triple conscience qui définit ici le champ de la poésie.

J.-E. Jackson, *La Mort Baudelaire, étude sur Baudelaire,*
Neûchatel, la Baconnière, 1982.

Correspondances

Représentations poétiques de la mort

- Ronsard, « Je n'ai plus que les os, un Squelette je semble », *Les Derniers vers,* 1585.
- Hugo, « Souvenir de la nuit du 4 », *Les Châtiments,* 1853.
- Baudelaire, « Un voyage à Cythère ».
- Verlaine, « Colloque sentimental », *Fêtes galantes,* 1869.
- Philippe Jacottet, *Leçons.*

–1——————————————————

Je n'ai plus que les os, un Squelette je semble,
Décharné, dénervé, démusclé, dépulpé,
Que le trait de la mort sans pardon a frappé ;
Je n'ose voir mes bras que de peur je ne tremble.

Apollon et son fils, deux grands maîtres ensemble,
Ne sauraient me guérir ; leur métier m'a trompé.
Adieu, plaisant Soleil ! mon œil est étoupé,
Mon corps s'en va descendre où tout se désassemble.

Quel ami me voyant en ce point dépouillé
Ne remporte au logis un œil triste et mouillé,
Me consolant au lit et me baisant la face,

En essuyant mes yeux par la mort endormis ?
Adieu, chers compagnons, adieu, mes chers amis !
Je m'en vais le premier vous préparer la place.

Ronsard, *Les Derniers Vers*, Sonnet I.

2

L'enfant avait reçu deux balles dans la tête.
Le logis était propre, humble, paisible, honnête ;
On voyait un rameau bénit sur un portrait.
Une vieille grand-mère était là qui pleurait.
Nous le déshabillions en silence. Sa bouche,
Pâle, s'ouvrait ; la mort noyait son œil farouche ;
Ses bras pendants semblaient demander des appuis.
Il avait dans sa poche une toupie en buis.
On pouvait mettre un doigt dans les trous de ses plaies.
Avez-vous vu saigner la mûre dans les haies ?
Son crâne était ouvert comme un bois qui se fend.
L'aïeule regarda déshabiller l'enfant,
Disant : – Comme il est blanc ! approchez donc la lampe.
Dieu ! ses pauvres cheveux sont collés sur sa tempe ! –
Et quand ce fut fini, le prit sur ses genoux.
La nuit était lugubre ; on entendait des coups
De fusil dans la rue où l'on en tuait d'autres.

Hugo, « Souvenir de la nuit du 4 », *Les Châtiments*,
livre II, III, extrait.

3

Dans le vieux parc solitaire et glacé,
Deux formes ont tout à l'heure passé.

Leurs yeux sont morts et leurs lèvres sont molles,
Et l'on entend à peine leurs paroles.

Dans le vieux parc solitaire et glacé,
Deux spectres ont évoqué le passé.

– Te souvient-il de notre extase ancienne ?
– Pourquoi voulez-vous donc qu'il m'en souvienne ?

– Ton cœur bat-il toujours à mon seul nom ?

Toujours vois-tu mon âme en rêve ? – Non.

– Ah ! les beaux jours de bonheur indicible
Où nous joignions nos bouches ! – C'est possible.

– Qu'il était bleu, le ciel, et grand, l'espoir !
– L'espoir a fui, vaincu, vers le ciel noir.

Tels ils marchaient dans les avoines folles,
Et la nuit seule entendit leurs paroles.

> Verlaine, « Colloque sentimental », *Fêtes galantes*.

4

On le déchire, on l'arrache,
cette chambre où nous nous serrons est déchirée,
notre fibre crie.

Si c'était le « voile du Temps » qui se déchire,
la « cage du corps » qui se brise,
si c'était l'« autre naissance » ?

On passerait par le chas de la plaie,
on entrerait vivant dans l'éternel…

Accoucheuses si calmes, si sévères,
avez-vous entendu le cri
d'une nouvelle vie ?

Moi je n'ai vu que cire qui perdait sa flamme
et pas la place entre ces lèvres sèches
pour l'envol d'aucun oiseau.

> Philippe Jacottet, *Leçons*, Gallimard, 1969.

Les Épaves, *titre de l'édition belge de 1866 des* Fleurs du mal.
Frontispice gravé par Félicien Rops.

La parution et le procès

Tiré à mille cent exemplaires, *Les Fleurs du mal* furent immédiatement attaquées par la presse, à la suite d'un premier article très virulent dans *Le Figaro* :

« On ne vit jamais gâter si follement d'aussi brillantes qualités. […] Il y a des moments où l'on doute de l'état mental de M. Baudelaire ; il y en a où l'on n'en doute plus : c'est, la plupart du temps, la répétition monotone et préméditée des mêmes mots, des mêmes pensées. L'odieux y coudoie l'ignoble ; le repoussant s'y allie avec l'infect. Jamais on ne vit mordre et même mâcher autant de seins dans si peu de pages ; jamais on n'assista à une semblable revue de démons, de fœtus, de diables, de chloroses, de chats et de vermine. Ce livre est un hôpital ouvert à toutes les démences de l'esprit, à toutes les putridités du cœur ; encore si c'était pour les guérir, mais elles sont incurables.

Un vers de M. Baudelaire résume admirablement sa manière : pourquoi n'en a-t-il pas fait l'épigraphe des *Fleurs du mal* ?

Je suis un cimetière abhorré de la lune.

Et au milieu de tout cela, quatre pièces, « Le Reniement de saint Pierre », puis « Lesbos » et deux qui ont pour titre « Les Femmes damnées », quatre chefs-d'œuvre de passion, d'art et de poésie ; mais on peut le dire – il le faut, on le doit – si l'on comprend qu'à vingt ans l'imagination d'un poète puisse se laisser entraîner à traiter de semblables sujets, rien ne peut justifier un homme de plus de trente ans, d'avoir donné la publicité du livre à de semblables monstruosités. »

Gustave Bourdin, compte-rendu des *Fleurs du mal*,
Le Figaro du 5 juillet 1857.

Ce n'est pas des journalistes que Baudelaire devait recevoir d'éloges de son travail car la presse fut dans son ensemble défavorable aux *Fleurs du mal*. Citons néanmoins la réaction d'un journaliste du *Moniteur universel* :

« Le poète ne se réjouit pas devant le spectacle du mal. Il regarde le vice en face, mais comme un ennemi qu'il connaît bien et qu'il affronte. S'il le craint encore ou s'il a cessé de le craindre, je ne sais, mais il parle avec l'amertume d'un vaincu qui raconte ses défaites. Il ne dissimule rien. Il n'a rien oublié. Dans un temps où la littérature indiscrète a raconté au public les mœurs de la vie de bohême, les aventures de la baronne d'Ange et celles de Marguerite Gautier, il est venu après les amusants conteurs dire à son tour l'idylle à travers champs, l'églogue à côté d'une bête morte, le boudoir de la courtisane assassinée, et personne ne viendra plus après lui. Il ne s'est pas menti à lui-même. Il n'a menti à personne. *Les Fleurs du mal* ont un parfum vertigineux. Il les a respirées, il ne calomnie pas ses souvenirs. Il aime son ivresse en se la rappelant, mais son ivresse est triste à faire peur. »

E. Thierry, article publié
dans *Le Moniteur universel*, le 14 juillet 1857.

Les poètes contemporains de Baudelaire

Des témoignages de proches, ou d'autres écrivains, comme Hugo par exemple (« Vos fleurs du mal rayonnent et éblouissent comme des étoiles [...] une des rares décorations que le régime actuel peut accorder, vous venez de la recevoir ») furent les seules manifestations d'admiration qu'il reçut. Flaubert, qui fut attaqué mais gagna le procès intenté à *Madame Bovary* la même année, envoie cette lettre à Baudelaire :

Mon cher Ami,
J'ai d'abord dévoré votre volume d'un bout à l'autre comme une cuisinière fait d'un feuilleton, et maintenant, depuis huit jours, je le relis, vers à vers, mot à mot et, franchement, cela me plaît et m'enchante. Vous avez trouvé le moyen de rajeunir le romantisme. Vous ne ressemblez à personne (ce qui est la première de toutes les qualités). L'originalité du style découle de la conception. La phrase est toute bourrée par l'idée à en craquer.

J'aime votre âpreté, avec ses délicatesses de langage qui la font valoir, comme des damasquinures sur une lame fine.

Voici les pièces qui m'ont le plus frappé : le sonnet XVIII : *La Beauté* ; c'est pour moi une œuvre de la plus haute valeur ; – et puis les pièces suivantes : *L'Idéal, La Géante* (que je connaissais déjà), la pièce XXV :

Avec ses vêtements ondoyants et nacrés,

Une charogne, Le Chat (p. 79), *Le Beau Navire, À une dame créole, Spleen* (p. 140), qui m'a navré, tant c'est juste de couleur ! Ah ! vous comprenez l'embêtement de l'existence, vous ! Vous pouvez vous vanter de cela, sans orgueil. Je m'arrête dans mon énumération, car j'aurais l'air de copier la table de votre volume. Il faut que je vous dise pourtant que je raffole de la pièce LXXV, *Tristesses de la lune* :

[…] Qui d'une main distraite et légère caresse
Avant de s'endormir, le contour de ses seins […]

et j'admire profondément le *Voyage à Cythère*, etc., etc.

Quant aux critiques, je ne vous en fais aucune, parce que je ne suis pas sûr de les penser moi-même dans un quart d'heure. J'ai, en un mot, peur de dire des inepties dont j'aurais un remords immédiat. Quand je vous reverrai, cet hiver, à Paris, je vous poserai seulement, sous forme dubitative et modeste, quelques questions.

En résumé, ce qui me plaît avant tout dans votre livre, c'est que l'art y prédomine. Et puis vous chantez la chair sans l'aimer, d'une façon triste et détachée qui m'est sympathique. Vous êtes résistant comme le marbre et pénétrant comme un brouillard d'Angleterre.

Encore une fois, mille remerciements du cadeau. Je vous serre la main très fort.

À vous.

Gustave Flaubert, lettre à Charles Baudelaire, le 13 juillet 1857.

Malgré la distance que Baudelaire a prise par rapport aux romantiques et aux tenants de l'art pour l'art, deux représentants de ces mouvements poétiques, deux grands poètes, Victor Hugo et Leconte de l'Isle, surent reconnaître le génie de Baudelaire, même si leur admiration, celle de Hugo en particulier, n'est pas exempte de toute réserve :

« Vous ne vous trompez pas en prévoyant quelque dissidence entre vous et moi. Je comprends toute votre philosophie (car, comme tout poète, vous contenez un philosophe) ; je fais plus que la comprendre, je l'admets ; mais je garde la mienne. Je n'ai jamais dit : l'art pour l'art ; j'ai toujours dit : l'art pour le progrès. [...] Que faites-vous donc quand vous écrivez ces vers saisissants, « Les Sept Vieillards » et « Les Petites Vieilles » que vous me dédiez et dont je vous remercie ? Que faites-vous ? Vous marchez, vous allez en avant. Vous dotez le ciel de l'art d'on ne sait quel rayon macabre. Vous créez un frisson nouveau. [...] Théophile Gautier est un grand poète, et vous le louez comme un jeune frère, et vous l'êtes. Vous êtes, Monsieur, un noble esprit et un généreux cœur. Vous écrivez des choses profondes et souvent sereines. Vous aimez le beau. Donnez-moi la main. »

Victor Hugo, lettre à Baudelaire, le 6 octobre 1859.

« *Les Fleurs du mal* ne sont point une œuvre d'art où l'on puisse pénétrer sans initiation. Nous ne sommes plus ici dans le monde de la banalité universelle. L'œil du poète plonge en des cercles infernaux encore inexplorés, et ce qu'il y voit et ce qu'il y entend ne rappelle en aucune façon les romances à la mode. Il en sort des malédictions et des plaintes, des chants extatiques, des blasphèmes, des cris d'angoisse et de douleur. Les tortures de la passion, les férocités et les lâchetés sociales, les âpres sanglots du désespoir, l'ironie et le dédain, tout se mêle avec force et harmonie dans ce cauchemar dantesque troué çà et là de lumineuses issues par où l'esprit s'envole vers la paix et la joie idéales. Le choix et l'agencement des mots, le mouvement général et le style, tout concorde à l'effet produit, laissant à la fois dans l'esprit la vision de choses effrayantes et mystérieuses, dans l'oreille exercée comme une vibration multiple et savamment combinée de métaux sonores et précieux, et dans les yeux de splendides couleurs. L'œuvre entière offre un aspect étrange et puissant, conception neuve, une dans sa riche et sombre diversité, marquée du sceau énergique d'une longue méditation. »

Leconte de Lisle, article paru
dans la *Revue européenne*, le 1er décembre 1861.

Quelques années plus tard, Verlaine, qui fut influencé par la poésie de Baudelaire, affirme avec force la place exemplaire de Baudelaire dans le siècle :

« [...] Ce que veut Baudelaire, on l'a déjà pu deviner par ce qu'il repousse et ce qu'il veut pour le poète, c'est, tout d'abord, l'Imagination, "cette reine des facultés", dont il a donné dans son *Salon de 1859* (...) la plus subtile et en même temps la plus lucide définition. Le peu de place dont je dispose aujourd'hui m'empêche, à mon grand regret, de citer en entier ce morceau unique. En voici du moins quelques fragments :
– "Elle est l'analyse, elle est la synthèse, et cependant des hommes habiles dans l'analyse et suffisamment aptes à faire un résumé peuvent être privés d'imagination. Elle est cela et elle n'est pas tout à fait cela. Elle est la sensibilité et pourtant il y a des personnes très sensibles, trop sensibles peut-être qui en sont privées. C'est l'imagination qui a enseigné à l'homme le sens moral de la couleur, du contour, du son et du parfum. Elle a créé, au commencement du monde, l'analogie et la métaphore... Elle produit la sensation du neuf... Sans elle toutes les facultés, si solides ou aiguisées qu'elles soient, sont comme si elles n'étaient pas, tandis que la faiblesse de quelques facultés secondaires, excitées par une imagination vigoureuse, est un malheur secondaire. Aucune ne peut se passer d'elles, et elle peut suppléer quelques-unes..."
Après l'imagination *sine qua non*, Baudelaire exige du poète le plus exclusif amour de son métier. Une telle opinion qui chez les anciens – des hommes ! – avait force de loi, il faut savoir gré à un artiste de la proférer hautement comme l'a maintes fois fait notre poète, dans ces temps de mercantilisme où tant d'Esaüs vendraient la poésie pour un plat de lentilles !
Croyant peu à l'Inspiration, il va sans dire que Baudelaire recommande le travail ! Il est de ceux-là qui croient que ce n'est pas perdre son temps que de parfaire une belle rime, d'ajuster une image bien exacte à une idée bien présentée, de chercher des analogies curieuses, et des césures étonnantes, et de les trouver, toutes choses qui font hausser les épaules à nos Progressistes quand même, gens inoffensifs, d'ailleurs. Sur ce sujet, Baudelaire est implacable. N'a-t-il pas dit un jour : "L'originalité est chose d'apprentissage, ce qui ne veut pas dire une chose qui peut être transmise par l'enseignement."
Méditez bien ce paradoxe, et prenez garde que ce ne soit d'aventure une belle et bonne et profonde vérité. »

Paul Verlaine, *L'Art*, 16 novembre 1865.

Pourtant, Baudelaire continua longtemps de ne pas faire l'unanimité. Sainte-Beuve, par exemple, qui l'encourageait au moment de la parution des *Fleurs du mal*, établissant une sorte de parallèle entre leurs deux situations de poètes, formule, cinq ans plus tard, un éloge beaucoup plus ambivalent :

« M. Baudelaire a trouvé moyen de se bâtir, à l'extrémité d'une langue de terre réputée inhabitable et par-delà les confins du romantisme connu, un kiosque bizarre, fort orné, fort tourmenté, mais coquet et mystérieux, où on lit de l'Edgar Poe, où l'on récite des sonnets exquis, où l'on s'enivre avec le haschisch pour en raisonner après, où l'on prend de l'opium et mille drogues abominables dans des tasses d'une porcelaine achevée. Ce singulier kiosque, fait en marqueterie, d'une originalité concertée et composite, qui, depuis quelques temps, attire les regards à la pointe extrême du Kamtchatka romantique, j'appelle cela la folie Baudelaire. »

Sainte-Beuve, *Le Constitutionnel*, le 20 janvier 1862.

Jules Vallès a pour son contemporain les mots les plus durs et un jugement définitif :

« Ses admirateurs peuvent tout au plus espérer pour lui qu'un jour, un curieux ou un raffiné logera ce fou dans un volume tiré à cent exemplaires, en compagnie de quelques excentriques crottés. Ne demandons pas plus pour lui : il ne mérite pas davantage. Et combien sont tombés qui étaient plus dignes d'être embaumés dans les pages d'un Elzévir : mais aussi ceux-là sont morts poitrinaires et non pas fous ; ils n'ont point eu les préoccupations terribles et les angoisses mesquines qu'eut toute sa vie ce forçat lugubre de l'excentricité. Né bourgeois, il a joué les Cabrions blafards toute sa vie ; il y laissa sa raison, c'était justice : on ne badine pas impunément et aussi effrontément qu'il le fit avec certaines lois fatales qu'il ne faut pas subir lâchement mais qu'il ne faut pas défier non plus ; on ne surmène pas ainsi son corps et sa pensée, ou bien la nuit se fait dans le cerveau, le sang devient eau dans les veines et il ne reste d'un homme qu'un morceau de chair épaisse et fadasse comme un lot de viande soufflée qui tressaute et tremblote dans l'insensibilité d'une agonie piteuse.

Ah ! ne valait-il pas mieux vivre simplement d'un travail connu, simple mortel, plutôt que de courir après les rimes étranges et les titres funèbres ! Mauvais moment, d'ailleurs, celui-ci, pour les biblistes de sacristie ou de cabaret ! Époque rieuse et méfiante, la nôtre, et que n'arrête point longtemps le récit des cauchemars et le spectacle des extases. C'était déjà montrer qu'on n'avait pas le nez bien long qu'entreprendre pareille campagne à la date où Baudelaire la commença. Que Satan ait son âme !

Satan, c'était ce diablotin, démodé, fini, qu'il s'était imposé la tâche de chanter, d'adorer et de bénir ! Pourquoi donc ? Pourquoi le diable plutôt que le bon Dieu ?

C'est que, voyez-vous, ce fanfaron d'immoralité, il était au fond un religiosâtre, point un sceptique ; il n'était pas un démolisseur, mais un croyant ; il n'était que le niam-niam d'un mysticisme bêtasse et triste, où les anges avaient des ailes de chauves-souris avec des faces de catin : voilà tout ce qu'il avait inventé pour nous étonner, ce « jeune France » trop vieux, ce libre-penseur gamin. (...)

Le travail console et fortifie ; il n'était point un paresseux : c'était le plus terrible des laborieux. Mais encore faut-il que le travail profite : il ne faut pas se morfondre dans l'effort inutile, et n'avoir pas seulement les douleurs de l'enfantement.

Baudelaire sentait uniquement son orgueil fermenter et s'aigrir, mais il avait les entrailles pauvres et se tordait sans accoucher. Ah ! que ne s'était-il fait professeur de rhétorique ou marchand de scapulaires, ce didactique qui voulait singer les foudroyés, ce classique qui voulait épater Prudhomme, qui n'était, comme l'a dit Dusolier, qu'un Boileau hystérique, et s'en allait jouer les Dante par les cafés. Il n'était pas le poète d'un enfer terrible, mais le damné d'un enfer burlesque. Instruit de son infécondité par les douleurs secrètes de ses nuits solitaires, il essaya de faire croire, à force d'esprit, à son génie, et se dit qu'il pourrait paraître exceptionnel en semblant singulier. [...] »

Jules Vallès, *La Situation*, 5 septembre 1867.

Au tournant du siècle, l'institution critique universitaire reste réfractaire à l'œuvre de Baudelaire. En témoignent ces deux extraits, de Ferdinand Brunetière et de Gustave Lanson :

« Cet homme fut doué du génie même de la faiblesse et de l'impropriété de l'expression ! [...] Avec Stendhal, et pour d'autres raisons, mais entre lesquelles on trouverait plus d'une analogie, Baudelaire est l'une des idoles de ce temps, une espèce d'idole orientale, monstrueuse et difforme, dont la difformité naturelle est rehaussée de couleurs étranges, et sa chapelle une des plus fréquentées. Indépendants et décadents, symbolistes et déliquescents, dandys de lettres et wagnérolâtres, naturalistes même, c'est là qu'ils vont sacrifier, c'est dans ce sanctuaire qu'ils font entre eux leur commerce d'éloges, c'est là qu'ils s'enivrent enfin des odeurs de corruption savante et de perversité transcendantale qui se dégageraient, à ce qu'ils disent, de leurs *Fleurs du mal*.
[...] Ce n'est qu'un Satan d'hôtel garni, un Belzébuth de table d'hôte. »

Ferdinand Brunetière,
La Revue des Deux Mondes, le 1er juin 1887.

Portrait de Baudelaire par Gustave Courbet (1819-1877), Montpellier.

« Le talent de Baudelaire est assez étroit et en même temps assez complexe. Il représente à merveille ce que j'ai déjà appelé le bas romantisme, prétentieusement brutal, macabre, immoral, artificiel, pour ahurir le bon bourgeois. Dans cet étalage de choses répugnantes, dans cette volonté d'être et paraître "malsain", dans ce "caïnisme" et ce "satanisme", je sens beaucoup de "pose" et la contorsion d'un esprit sec qui force l'inspiration. La sensibilité est nulle chez Baudelaire : sauf une exception. L'intelligence est plus forte, médiocre encore : sauf une exception. La puissance de la sensation est limitée : le sens de la vue est ordinaire. Baudelaire n'est pas peintre, et ses *Tableaux parisiens* sont de la peinture inutile. Mais il y a deux sens excités, exaspérés : le toucher et l'odorat.

L'idée unique de Baudelaire est l'idée de la mort ; le sentiment unique de Baudelaire est le sentiment de la mort. Il y pense partout et toujours, il la voit partout, il la désire toujours ; et par là il sort du romantisme. Son dégoût d'être ne paraît pas un produit de mésaventures biographiques : il se présente comme une conception générale, supérieure à l'esprit qui se l'applique. Obsédé et assoiffé de la mort, Baudelaire, sans être chrétien, nous rappelle le christianisme angoissé du XVe siècle : par une propriété de son tempérament, la mort qui est sa pensée, la mort qui est son désir, c'est la mort visible en la pourriture du corps, la mort perçue sur le cadavre par l'odorat et le toucher. Une originale mixture d'idéalisme ardent et de fétide sensualité se fait en cette poésie.

L'artiste est puissant. Laborieux, raffiné, parfois prosaïque, souvent prétentieux, il vise à la perfection, et il y atteint plus d'une fois. Il aime les formes sobres, pleines, solides, le vers large, signifiant, résonnant. Sa forme préférée est le poème symbolique, court et concentré ; parfois, de la plus banale idée, il fait un poème saisissant par la nouveauté hardie du symbole.

Par sa bizarrerie voulue et provocante, mais aussi par sa facture magistrale, Baudelaire a exercé une influence considérable : ne lui reprochons pas les sots imitateurs qu'il a faits ; c'est le sort de tous les maîtres. »

Gustave Lanson, *Histoire de la littérature française*,
Hachette, 1903.

Enfin, voici le jugement que porte Marcel Aymé sur Baudelaire, après avoir analysé le sonnet « La Beauté ».

« [...] Il a exercé sur les esprits une véritable fascination et je le tiens pour le plus funeste de nos poètes. Toutes ces sottises que nous venons de relever, on en trouverait à peu près l'équivalent dans les romantiques qui l'ont précédé, mais il y avait chez ceux-ci une certaine candeur, une générosité de cœur et de langue et une abondance qui en atténuaient la portée. Dans leurs œuvres circule un courant de vie qui entretient chez le lecteur le goût et le sens de la vérité. La tristesse y est encore chaleureuse et la joie, le bonheur de vivre, la gaieté même n'en sont pas absents. Baudelaire, lui, est terriblement sérieux. Il a une façon contractée, avare et pontifiante de distiller ses poèmes, et les mots les plus creux, les propositions les plus dépourvues de sens, il les assemble, il les guinde, il les sangle avec une économie et une assurance sentencieuses qui font croire à des paroles définitives, sur lesquelles il n'y a pas à revenir. Quand un garçon de vingt ans lit aujourd'hui le *Rolla* de Musset, il ne marche pas. Cette grande machine romantique est trop délayée, trop lâche pour qu'il n'en voie pas les faiblesses et les ridicules. Mais Baudelaire ne laisse pas le temps de penser. Il a une manière concentrée et un ton péremptoire qui masquent l'inanité des mots. [...]

Et dire que sans ce misérable, le romantisme français serait probablement mort de n'avoir plus rien à dire. »

Marcel Aymé, *Le Confort intellectuel*, Flammarion, 1949.

La postérité triomphante

Pourtant, l'œuvre de Baudelaire devait avoir une influence retentissante sur les générations postérieures, Verlaine, mais surtout Rimbaud et Mallarmé, le symbolisme dans son ensemble. Le XXᵉ siècle reconnaîtra la place capitale de Baudelaire dans l'histoire de la poésie française et en fera un des auteurs les plus étudiés de la littérature française. Paul Valéry est le premier à avoir consacré un travail de réflexion approfondi sur la poésie de Baudelaire.

« La véritable fécondité d'un poète ne consiste pas dans le nombre de ses vers, mais bien plutôt dans l'étendue de leurs effets. On ne peut en juger que dans la suite des temps. Nous voyons aujourd'hui que la résonance, après plus de soixante ans, de l'œuvre unique et très peu volumineuse de Baudelaire emplit encore toute la sphère poétique, qu'elle est présente aux esprits, impossible à négliger, renforcée par un nombre remarquable d'œuvres qui en dérivent, qui n'en sont point des imitations mais des conséquences, et qu'il faudrait donc, pour être équitable adjoindre au mince recueil des *Fleurs du mal* plusieurs ouvrages de premier ordre et un ensemble de recherches les plus profondes et les plus fines que jamais la poésie ait entreprises. [...]

Tout à l'heure je parlais de la production du *charme*, et voici que je viens de prononcer le nom de *miracle*, et sans doute, ce sont des termes dont il faut user discrètement à cause de la force de leur sens et de la facilité de leur emploi. [...] Il faudrait faire voir que le langage contient des ressources émotives mêlées à ses propriétés pratiques et directement significatives. Le devoir, le travail, la fonction du poète sont de mettre en évidence et en action ces puissances de mouvement et d'enchantement, ces excitants de la vie affective et de la sensibilité intellectuelle, qui sont confondus dans le langage usuel avec les signes et les moyens de communication de la vie ordinaire et superficielle. Le poète se consacre et se consume donc à définir et à construire un langage dans le langage ; et son opération, qui est longue, difficile, délicate, qui demande les qualités les plus diverses de l'esprit, et qui jamais n'est achevée comme jamais elle n'est exactement possible, tend à constituer le discours d'un être plus pur, plus puissant et plus profond dans ses pensées, plus intense dans sa vie, plus élégant et plus heureux dans sa parole que n'importe quelle personne réelle. Cette parole extraordinaire se fait connaître et reconnaître par le rythme et les harmonies qui la soutiennent et qui doivent être si intimement, et même si mystérieusement liés à sa génération, que le son et le sens ne se puissent plus séparer et se répondent indéfiniment dans la mémoire. »

Paul Valéry, « Situation de Baudelaire », *Variété II*, Gallimard, 1929.

Depuis les années 1950, Baudelaire est devenu, avec Flaubert et Proust, un des objets de prédilection de la critique. Jean-Paul Sartre, Georges Blin, Leo Bersani, Jean Prévost, Jean Starobinski, Charles Mauron, Jean-Pierre Richard, Roman Jakobson, pour ne citer qu'eux, ont étudié son œuvre, révélant tous ensemble la richesse et la pluralité de sens que recèle la poésie de Baudelaire. On se bornera ici à proposer un extrait du chapitre que Jean-Pierre Richard consacre à Baudelaire dans *Poésie et profondeur* :

« L'imagination pénètre ici jusqu'au plus intime de l'objet, mais c'est pour faire éclater cette intimité et la relier en profondeur à la totalité du monde. La loi universelle d'analogie peut donc s'interpréter comme une sorte de perpétuelle invitation au voyage : elle propose à l'imagination de suivre, à travers le réseau sensible des correspondances, le trajet d'une signification unique qui circulerait et s'approfondirait d'objet en objet pour revenir enfin toute gonflée d'une richesse accumulée, se perdre en sa source première. »

Jean-Pierre Richard, « Profondeur de Baudelaire »,
Poésie et profondeur, Seuil, 1976.

Compléments notionnels

Alexandrin *(nom masc.)*

Vers de douze syllabes, très utilisé par la poésie classique ; il comporte, quand il est régulier, une coupe après la sixième syllabe, appelée césure.

Allégorie *(nom fém.)*

Représentation d'une notion abstraite sous une forme personnifiée. Le poème « Danse macabre » est tout entier une longue allégorie de la mort.

Allitération *(nom fém.)*

Répétition d'un même son consonantique à l'intérieur d'un vers ou d'un groupe de vers.

Anaphore *(nom fém.)*

Répétition, en tête de phrases, de membres de phrases ou de vers successifs, d'un même terme ou d'un même groupe de termes. L'anaphore est une figure d'insistance. Ex. : les premiers vers de chaque strophe de « Réversibilité ».

Assonance *(nom fém.)*

Répétition d'un même son vocalique à l'intérieur d'un vers ou d'un groupe de vers.

Cadence *(nom fém.)*

Désigne le rapport de volume, croissant ou décroissant, entre membres successifs d'une même phrase ou d'une même strophe. Dans la cadence majeure, les membres de phrases sont de plus en plus importants en volume, dans la cadence mineure, ils sont de plus en plus courts.

Césure *(nom fém.)*

Coupe forte qui sépare le vers en deux. Dans l'alexandrin classique, la césure est à l'hémistiche, c'est-à-dire après la sixième syllabe.

Chute *(nom fém.)*

Dernier vers d'un sonnet, la chute dévoile le sens général du poème, avec un effet de surprise. Par extension, la chute est un effet de surprise à la fin d'un texte ou d'une phrase.

Comparaison *(nom fém.)*

Figure d'analogie qui consiste à associer deux réalités distinctes, le comparant et le comparé, en les reliant par un mot comparatif. Ex. : « Et dormir dans l'oubli comme un requin dans l'onde » (« Le Mort joyeux »).

Connotation *(nom fém.)*
Par opposition à dénotation (sens du mot dans le dictionnaire), la connotation englobe tous les sens qui peuvent être rattachés au mot par association.

Contre-rejet *(nom masc.)*
Phénomène d'enjambement par lequel le dernier mot ou les derniers mots d'un vers constituent le début d'une phrase ou d'un membre de phrase qui se développe dans le vers ou les vers suivants.

Décasyllabe *(nom masc.)*
Vers de dix syllabes comportant traditionnellement une coupe après la quatrième syllabe.

Diérèse *(nom fém.)*
Fait de prononcer séparément, donc en deux syllabes, deux voyelles qu'on pourrait prononcer en une seule syllabe. Ex. : « La cloche [...] / Jette fidèlement son cri religieux » (« La Cloche fêlée »). On prononcera re-li-gi-eux.

Enjambement *(nom masc.)*
Phénomène par lesquel on place en fin de vers un groupe de mots fortement liés qui se développe dans le vers suivant, en enjambant la rime.

Féminine (rime)
Rime dont la dernière syllabe se termine par un *e* muet (« lésine » ou « incendie » dans « Au lecteur »).

Hémistiche *(nom masc.)*
Les deux parties du vers séparées par la coupe principale, appelée césure. Ex : dans « Le soleil rayonnait sur cette pourriture », « Le soleil rayonnait » constitue le premier hémistiche, et « sur cette pourriture » le second (« Une charogne »).

Hiatus *(nom masc.)*
Rencontre de deux sons vocaliques prononcés à la suite, sans pause. Ex. : « La rue assourdissante autour de moi hurlait » (« À une passante ») comporte deux hiatus.

Hyperbole *(nom fém.)*
Figure d'amplification qui consiste à mettre en relief une idée, un jugement, un événement par exagération.

Impair (vers)
Vers comportant un nombre impair de syllabe : pentasyllabe, heptasyllabe...

Masculine (rime)
Rime dont la dernière syllabe se termine par un *e* muet (feux / majestueux, par exemple).

Métaphore *(nom fém.)*
Figure d'analogie, qui opère une fusion entre les deux éléments rapprochés, le comparé et le comparant. Ex. : « Tout un monde lointain, absent, presque défunt, / Vit dans tes profondeurs, forêt aromatique ! » (« La Chevelure »). L'expression forêt aromatique désigne, par une métaphore, la chevelure.

Métonymie *(nom fém.)*
Figure d'analogie, consistant à désigner un objet ou une idée par un élément qui lui est lié, le contenu par le contenant, la fonction par le lieu, le tout par la partie.

Oxymore *(nom masc.)*
Association dans une même formule de deux termes opposés. Ex. : « un jour noir » (LXXVIII, « Spleen »).

Pantoum *(nom masc.)*
Forme poétique importée de Malaisie par Victor Hugo et Théodore de Banville. Dans cette forme fixe, le premier vers de chaque strophe reprend le second de la strophe précédente et le troisième reprend le quatrième de la strophe précédente. « Harmonie du soir » est le seul pantoum des *Fleurs du mal*.

Personnification *(nom fém.)*
Figure par laquelle une réalité non humaine est représentée sous forme humaine. Ex. : La Beauté dans le poème du même nom est personnifiée puisqu'elle parle comme une personne humaine.

Rejet *(nom masc.)*
Phénomène d'enjambement par lequel le dernier mot ou les derniers mots d'une phrase ou d'un membre de phrase se poursuivent au-delà de la rime et sont rejetés au début du vers suivant. Ex. : dans « Les Sept Vieillards » le rejet au vers 17 du verbe « M'apparut », dont le sujet se trouve au vers 13.

Rime *(nom fém.)*
Retour à la fin de plusieurs vers d'un même élément sonore, composé d'au moins une syllabe accentuée. Ex. : âme / infâme. Quand la rime se compose d'au moins trois sons distincts répétés, on parle de rime riche. Ex. : havane / savane dans « Sed non satiata » : quatres sons sont répétés : a-v-a-n.

Sonnet *(nom masc.)*
Forme fixe importée d'Italie à la Renaissance, le sonnet se compose de deux rimes embrassées, suivis de deux tercets. Le sonnet régulier suit le schéma *abba abba ccd ede* ou *ccd eed*.

Synérèse *(nom fém.)*
Fait de prononcer en une seule syllabe deux voyelles qu'on pourrait prononcer en deux syllabes.